닉센,

게으름이
희망이 되는
시간

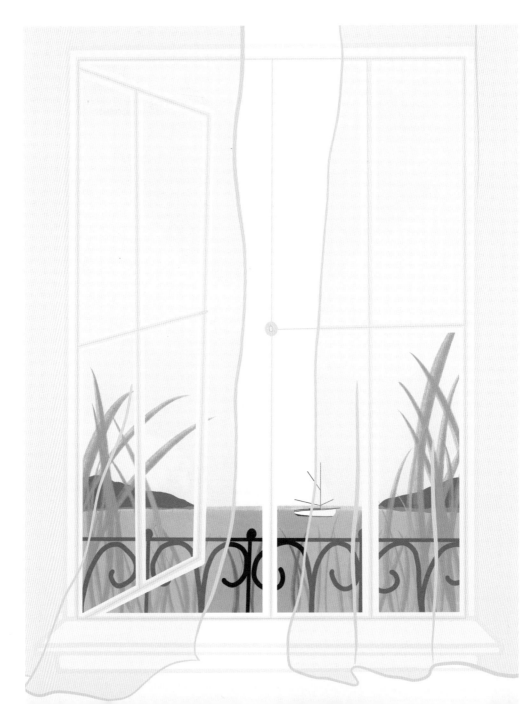

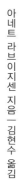

아네트 라브이지센 지음 ― 김현수 옮김

닉센,

게으름이
희망이 되는
시간

Denstory

CONTENTS

INTRODUCTION

'닉센'은 무엇이고 왜 우리에게 필요할까?

이런 세상을 한번 상상해보면 어떨까? 매 순간 늘 최대의 성과를 뽑아내지 않아도 되는 세상. 대신 진짜 중요한 일에 나의 시간을 써도 되는 그런 세상. 간단히 말해서 가끔은 모든 걸 다 해야 하는 상황을 거부하고 아무것도 하지 않는 것이 바로 '닉센'이라는 멈춤의 힘이다. 네덜란드인들이 살아가며 거의 어디에나 적용하는, 상식을 깨는 해답이다.

길을 잃은 기분인가? 스트레스에 시달리는가? 할 일에 압도당한 기분인가? 그렇다면 외부의 압력에서 스스로를 해방하고 닉센을 포용해보자. 그러면 언제나 촉각을 곤두세워야 하는 사회 분위기에 저항하고 내면의 혼란을 가라앉힐 수 있다. 내가 진정으로 좋아하는 것과 그러지 않는 것이 무엇인지 알 수 있다. 닉센을 활용하면 진짜 신경 써야 할 것과 그러지 않아도 되는 것을 가려낼 수 있다.

이 책은 온전한 정신을 지키면서 만족에 이르는 길을 제시한다. 무엇보다 나 자신을 우선순위에 두도록 돕는다. 그리고 모든 면에서 생산성에만 치중하는 당신을 — 제아무리 바쁘다 하더라도 — 구제하고 더 나은 일상을 꾸려가도록 돕는다.

1장에서는 닉센과 네덜란드 사람들에 대해 다룬다. 그들의 놀라운 워라밸work·life balance(일과 삶의 균형)을 우리도 누릴 수 있다. '아무것도 하지 않고 있을 시간은 없는데요?'라 반문하고 싶겠지만. 2장과 3장에서는 그런 핑계를 댈 수 없는 이유와 삶의 우선순위를 손보는 법을 배운다. 4장, 5장에서는 효율적인 시간 관리와 어떤 환경에서든 아무것도 하지 않을 수 있는 공간 만드는 법을 보여준다. 6장과 7장에서는 닉센의 마음가짐과 건강한 워라밸을 통해 행복하고 조화로운 가정 만들기, 그리고 앞서 배운 것들을 모두 지켜내는 법을 좀 더 철저하고 깊이 탐구한다.

아무것도 하지 않기 위한 비법 같은 것은 없다. 그건 직관적이고 개인적인 문제니까. 닉센은 나의 웰빙을 최우선으로 삼고 그에 따른 혜택을 누리는 삶이다. 그 경지에 이르는 길이 꼭 어려울 필요는 없다. 이 책은 명상 연습, 간단한 조언 몇 가지, 그리고 마음을 평온히 하는 활동을 통해 새로운 태도를 익히도록 돕는다. 그렇게 닉센의 라이프스타일에 다가설 수 있다.

창의력을 키우고, 집중력을 높이고 싶다면 인간관계를 개선하고, 좀 더 차분하고 행복한 사람이 될 수 있다면? 이 책이 그 과정의 첫 발자국이 될 수 있기를.

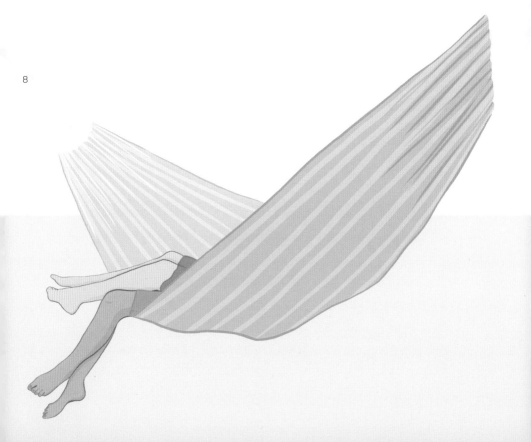

마음 챙김의 새로운 접근

'닉센이란 것, 그냥 마음 챙김의 다른 형태는 아닐까?'라고 생각할 수도 있다. 하지만 그렇지 않다. 관련 수업을 듣거나 집 안에 평안을 주는 환경을 만들어 마음 챙김을 시도해본 사람들도 있을 것이다. 쿠션이나 향초, 그리고 감미로운 플레이리스트를 몽땅 동원해서! 하지만 솔직해져볼까? 과연 얼마나 오래 계속했는지. 깨달음을 얻기 전에 포기한 사람이 한둘이 아닐 거다. 마음 챙김을 제대로 배우고 익히기 위해선 끈기를 가지고 노력해야 한다. 다행히 닉센은 그보다 훨씬 단순하다.

닉센은 팔다리를 억지로 접어 가부좌를 틀라고 하거나 자꾸 딴 길로 새는 정신을 통제하라고 요구하지 않는다. 사실 닉센은 아무것도 요구하지 않는다. 다만 딱 하나 필요한 것이 있다면, 체계적인 목표나 목적 없이 스스로에게 아무것도 하지 않을 시간을 허락할 것. 바로 이 부분이 진정 흥미로워지기 시작하는 지점이다. 일상의 걱정거리를 잊게 할 만한 건설적인 취미라면 무엇이든 닉센이 될 수 있다. 굳이 어떤 노력을 해야 한다거나 머릿속을 억지로 비울 필요가 없다. 물론 닉센이 돈을 벌어주거나 멋진 몸을 만들어주지 않는다. 사회적 인간관계에 직접적인 도움이 되지도 않는다.

닉센이 생소한 사람에겐 그저 게으른 것, 심지어 반사회적이라는 인상을 줄 수도 있다. 하지만 곰곰이 한번 생각해보자. 창의력과 자신감을 끌어올리고, 자의식을 키우면서 불안감을 줄일 수 있다면? 아무것도 하지 않으면서 마음 챙김의 이 모든 혜택들을 누릴 수 있다면? 게다가 마음 챙김만큼 노력이 필요하지 않다. 만약 우리의 몸과 정신이 휴식하고 재충전할 수 있도록 스스로에게 시간을 허락한다면 우리는 결국 더 행복한 사람, 더 여유 있는 부모, 더 효율적인 일꾼, 그리고 더 좋은 친구가 될 수 있다.

우리 삶에 닉센이 필요한 이유

닉센은 구체적인 목표에 직접적인 도움을 주지 않는다. 은행 잔액을 늘려주지도, 인간관계나 몸매를 개선해주지도 않는다. 그럼에도 오늘날의 세상에선 한 차원 높은 생산성, 창의력, 건강, 행복을 위해 '아무것도 하지 않기'가 늘고 있다.

- **에너지 충전**

  정신적으로 방전되고 지쳤다고 느끼면 생산적인 사람이 되기 힘들다. 적절한 타이밍에 아무것도 하지 않아도 되는 시간을 가지면 심신을 회복하고 재충전할 수 있다.

- **더 나은 건강**

  정기적으로 휴식 시간을 가지면 에너지나 집중력 고갈을 막을 수 있다. 번아웃이나 다른 건강상의 문제들이 생길 위험도 줄어든다.

- **행복한 가정**

  가정에 쏟을 에너지가 더 많아져 가족들을 더 잘 챙길 수 있다. 부모가 스트레스를 받거나 정신이 딴 데 가 있으면 아이들은 바로 감지한다.

- **건강한 두뇌**

  늘 분주하게 지내다 보면 가만히 앉아 하루를 돌아보고 생각에 잠기는 능력을 잃어버리게 된다. 네덜란드의 연구 기관 던더스에서는 늘 바쁜 생활이 두뇌를 변형해 사고력, 기억력, 집중력 저하를 불러올 수 있다고 밝혔다. 건강한 두뇌는 작동을 멈추고 손상을 회복할 시간을 필요로 한다.

- **더 높은 효율성**

  집중력이 개선되면 더 효율적으로 일할 수 있다.

- **자각 능력 키우기**

  선택을 통해 달력의 빡빡한 일정을 비우고 최소화한다. 무가치한 일에 소중한
  시간과 에너지를 낭비하지 않는다. 나에게 (정말로) 중요한 것이 무엇인지
  선별해내는 통찰력도 함께 기를 수 있다.

- **통찰력 기르기**

  일상의 루틴에서 잠시 벗어나면 거리를 두고 더 명료하게 우리의 문제와 의문,
  그리고 사건을 바라볼 수 있다. 그러면 자연히 더 지혜로워지고, 창의적인
  아이디어와 해결책이 떠오르리라.

- **장기적 목표 설계를 위한 시간 확보**

  2012년에 발표된 『의식과 인지Consciousness and Cognition』 저널에 따르면 억지로
  집중하려고 할 때보다 정신을 자유롭게 풀어놓을 때 미래와 장기적 목표에 대해
  생각하는 빈도가 열네 배나 많아진다고 한다. 닉센은 목표 설정으로 이어진다.

- **꿀잠**

  늘 바깥세상에 접속한 채 모든 이메일과 문자에 즉각적으로 답하고, 계속 신경을
  쓰고 있으면 정신을 이완하고 고요히 잠드는 것은 불가능하다. 낮 동안 쉬는
  시간을 더 자주 가지면, 스트레스 지수는 낮아지고 수면의 질은 높아진다.

행복한
사람들

국토 면적이 약 4만 1500제곱킬로미터인
네덜란드는 유럽에서 매우 작은 나라 중
하나다. 그런데 아주 오랫동안 세계에서 가장
행복한 나라로 손꼽히고 있다.
그들의 비결은 뭘까?

유쾌한 나라의 조건

비교적 크지 않은 소득 격차, 높은 생활 수준과 안정적인 정치 분위기, 그리고
그 안에서 자유롭게 삶의 방식을 선택을 할 수 있는 사회 분위기. 이 모든
것들이 네덜란드를 유쾌한 나라로 만드는 중요한 요소다. 그러나 어떤 사람들은
네덜란드인들이 다른 나라 사람들보다 행복한 결정적인 이유로 다른 한 가지를
꼽는다. 바로 일, 여가, 육아가 적절한 균형을 이룬 삶이다. 이유가 무엇이든 간에
네덜란드 사람들은 우리가 모르는 무언가를 알고 있는 게 분명하다. 2019년 더
나은 삶의 지수^{Better Life Index}(OECD가 다양한 지표를 종합 평가해서 삶의 질을 나타낸
지수 – 옮긴이)에서 네덜란드는 OECD* 회원국 중 워라밸 부문에서 가장 높은
점수를 받았다. 심지어 스칸디나비아 지역을 제친 점수다.

	네덜란드	OECD
근무 시간이 50+인 피고용인%	0.4	11

	네덜란드	EU
주당 평균 근무 시간	29.3	36.2
여성 파트타임 근로자%	73.8	32.3
남성 파트타임 근로자%	27.4	9.8

Source: stats.oecd.org

건강하게, 창의적으로, 행복하게 살기 위해선 전제 조건이 따른다. 삶의 속도를
줄이고, 잘 쉬고, 무엇보다도 나 자신을 돌봐야 한다. 그때 닉센이 시작된다.

● Organization for Economic Co-operation and Development: www.oecd.org/countires

닉센의 나라

네덜란드 사람들은 닉센이라는 동사를 오랫동안 부정적인 의미로 생각했다. 닉센 중 — 그러니까 쓸모 있는 일을 하지 않을 때 — 에 남의 눈에 띄면 게으르고, 무익하고, 아무짝에 쓸모없는 사람이라고 비난받았다(18쪽 참조). 네덜란드 사회는 열심히 일해서 돈을 모으고 절약하며 사는 삶을 미덕으로 여기는 칼뱅주의를 기반으로 세워졌다. 자연히 이런 성향은 네덜란드인의 전형적인 특징으로 인식되어왔다. 심지어 여가 시간에도 많은 사람들이 유익한 일을 해야 한다고 느꼈다. 이를테면 집안일을 하거나 수업을 듣거나 자원봉사라도.•

최근 들어 닉센이 긍정적으로 재해석된 것은 분명 우리 삶의 변화와 관련 있다. 세상은 더 빨라졌고, 시끄러워졌고, 어느 때보다도 사회적 연결망은 더 촘촘해지고, 사회는 더 세분화되었다. 이제는 전자기기 전원을 끄거나 연결을 끊어버리고 멈추는 것이 불가능한 일로 느껴지는 세상이다. 이런 현대 삶의 스트레스를 네덜란드 사람들만 피해 갈 거라는 건 너무 순진한 생각이다. 세상의 변화가 아무것도 하지 않는 순간들을 더욱 가치 있고, 더 필수적으로 만들었다.

• 2019년 세계행복보고서에 따르면 네덜란드 인구의 35.6퍼센트가 지난 한 달간 자원봉사한 것으로 나타났다.

이름에 담긴 뜻

반 대일(네덜란드어 대표 사전)에서 닉센을 찾아보면 '아무것도
하지 않는 것'이라고만 간단히 적혀 있다. 부정대명사
닉스niks(무無의 의미 – 옮긴이)는 18세기에 이미 흔히 사용되었던
반면, 닉센은 1920년대 들어 구어체에서 새롭게 진화한 단어다.

아무것도 하지 않고 있는 사람은 닉스뉘트niksnut라 불리기도
한다. (농담, 때론 진담으로) 아무짝에 쓸모없는 사람이라는
의미다. 하지만 이제 그 단어도 긍정적인 의미로 다시 태어나고
있다. 네덜란드 사람들은 시간 흘려보내는 것을 낭비의 의미로
폄하하지 않는 라이프스타일을 받아들이고 있다.

닉센은 zitten (te) niksen(가장 흔히 사용), staan (te) niksen이나
lopen (te) niksen처럼 다른 단어와 함께 사용되기도 한다. 각각
'앉아서 닉센', '서서 혹은 걸어 다니며 닉센'이라는 의미다. 그중
단연 최고는 liggen (te) niksen인데 '침대나 소파, 잔디에 누워서
닉센'이라는 의미다.

나의 기억 속 닉센

어린 시절 내가 학교에 다녀와서 소파에 누워 있으면 부모님은 나를 혼내고 무슨 일이라도 찾아내 시켰다. 닉센은 시간을 헛되이 흘려보내는 거라고, 늘어지는 일요일이나 크리스마스 같은 휴일에나 하는 거라 말씀하시면서. 나는 그 말을 듣지 않았다. 그리고 기회가 있을 때마다 우리 집 뒤쪽 숲으로 향했다. 그곳에서 시간 따윈 잊고 바닥에 쌓인 낙엽들을 밟으며 서성거리고, 나무 위에 올라가 앉아 있기도 했다. 등을 바닥에 대고 누워 잠자리나 새, 그리고 둥둥 떠가는 구름을 바라보며 나의 마음은 한껏 자유로웠다.

이제 서른을 훌쩍 넘긴 나이가 되어도 아직도 나는 자유 시간을 확실한 목표 아래 써야 한다는 압박을 느낀다. 여가 활동마저 신경과 에너지가 소모된다. 그럼에도 부모님이 못마땅해하셨던 닉센의 시간을 갖지 않았다면 바쁜 일상을 제대로 꾸려가기 어려웠을 거다. 그 시간 속에서만 오롯이 나 자신과 시간을 보내며 내 생각들에 잠길 수 있었기 때문이다.

시작하기

본격적인 시작에 앞서, 닉센은 언제, 어디에서, 무엇을,
어떻게 해야 할까?

무엇을

닉센은 말 그대로 더도 말고 덜도 말고 '아무것도 하지
않는 것'이다. 일시 정지 버튼을 누르고 일상의 업무와
사교 모임에서 벗어나 스스로에게 게으름을 허락하는
것. 그리고 우리가 해야 할 일들에 대한 생각이나
죄책감으로부터 자유로워지는 것. 닉센에는 특별한
기술이 필요하지 않기 때문에 누구나 할 수 있다.
보통 닉센에 잠자기는 포함되지 않는다. 자다^{slapen}라는
동사가 따로 존재하는 데는 그만한 이유가 있다.
하지만 닉센이 잠으로, 혹은 잠이 닉센으로 이어질
순 있다. 그러니 눈이 자꾸만 감긴다면, 그냥 편히
주무시길!

스스로에게 아무것도 하지 않는 시간을 허락하기가 주저된다면? 30~41쪽에 고정관념을 깨는 닉센에 대한 진실이 소개된다. 마음을 편히 내려놓는 데 도움이 될 내용이다.

'몰아 보기'가 좋은 방법이 아닌 이유

하룻밤에 좋아하는 시리즈를 한 시즌씩 몰아 보는 것이 닉센으로 보일 수도 있다. 하지만 장시간 화면을 보는 일은 스트레스와 불안, 우울 지수를 높인다. 오래 영상을 보고 있으면 뇌에서 도파민이 생성되는데 이는 중독과 관련된 화학물질이다. 한 시리즈의 마지막 회를 보고 나서 기분이 가라앉는 이유도 그 화학물질이 분비되기 때문이다. 시청 시간에 상한선을 두고 먼저 몇 회를 볼지 결정하고 시작하는 것이 좋다. '정신을 깨우는' 알람을 설정해두는 것도 좋은 방법.

어디에서

마음을 편안히 가라앉힐 수 있는 평화로운 장소를 찾는다. 마당 구석의 벤치, 근처 공원이나 숲, 스파, 사무실이나 집(83쪽 참조)의 조용한 공간도 좋다. 집에 있다면 음악을 틀고, 욕조에 물을 받거나 소파에 가서 헤젤리허^{gezellige} 분위기를 만든다. 특별히 갈 만한 장소가 마땅치 않으면 행복한 장소를 떠올리며 마음의 여행을 떠나도 좋다.

다정다감한 분위기

헤젤리헤이트^{gezelligheid}는 네덜란드어로 휘게에 해당하는 말이다. 휘게는 웰빙의
증진을 위해 아늑하고 따뜻한 분위기를 조성한다는 덴마크어다. 그러나 두
단어에는 미묘한 차이가 있다. 휘게가 세상과 차단된 집 안에서의 아늑함을
강조하는 반면 헤젤리헤이트('친구'라는 의미의 헤절^{gezel}이 어원)는 친화력을
일깨운다는 뜻. 즉, 친구나 사교성 있는 사람과의 즐거운 만남처럼 친근한
분위기나 공간을 묘사할 때 쓴다.

$\left(\text{EXERCISE}\right)$

헤젤리헤이트 불러오기

집에 손님이 올 때면 우리는 좋은 분위기를 만들려고 한다.
혼자 있을 때도 좋은 분위기를 누릴 수 있으면 좋지 않을까?

조명을 은은하게 낮추고, 양초 몇 개에 불을 밝힌 다음
최애 플레이리스트를 틀어본다. 닉센을 위한 분위기를 내기 위해,
그리고 혼자만의 시간을 한껏 더 즐기기 위해.

어떻게

외부 도움 없이 긴장 완화가 쉽지 않다면?

무언가를 할 때는 오직 그 행위 하나에만 몰두하기로 한다. 나 자신을 잠시만 놓아버리면 일상의 걱정거리에서 벗어나 현재의 흐름에 맡길 수 있다.

○ 핸드폰과 시계를 두고 나가 자연의 품속에서 가벼운 산책을 하다 보면 조용한 휴식에 빠져들 수 있다.(88쪽 참조)

○ 생각 없이 몸을 움직이는 활동은 우리의 두 손과 신경을 할 일에서 해방해 준다.(129쪽 참조)

언제

닉센의 진정한 잠재력은 일상 속의 작은 멈춤에서 빛을 발한다. 긴장을 풀고 휴식하기 위해 주말이나 여름휴가 때까지 기다려야 한다고 생각하며 스트레스를 받을 필요는 없다. 비결은 '자주, 잠깐'이다. 직장에서건 집에서건 닉센을 일상의 루틴으로 만드는 것이 중요하다.

그럼 하루 일과에서 시간을 한번 쪼개볼까? 처음에는 5분(그렇다. 전자기기에서 손을 뗀다)짜리 타임아웃으로 시작해서 점차 30분(69쪽 참조), 한 시간, 그리고 반나절까지 늘려나간다. 이 시간을 오직 나 자신만을 위해 보낸다. 때로는 아무것도 하지 않아도 괜찮다는 점을 기억할 것. 왜냐하면 정말로 괜찮으니까.

지금, 닉센 중인가요?

지금 제대로 닉센 중인지 확신할 수 없다면
스스로에게 세 가지 질문을 던져 보자.

나는 지금 쓸모 있거나 생산적인 무언가를 하고 있나?
지금 하는 일이 상사나 일과 관련된 타인에게 좋은 인상을 주기 위함일까?
이 일이 나의 인맥에 직접적인 이득이 될까?

이 질문들에 '아니요'라고 답할 수 있다면 닉센 중일 가능성이 높다.
좀 더 확실히 하기 위해 다음 내용을 살펴보자.

―――――――

육체적 노력을 하거나 머리를 쓸 필요 없고
이 활동 후엔 마음이 차분해지고 긴장도 풀린다.

모든 전자기기의 영향에서 벗어나 있으며
내가 해야 할 일에 대한 생각들로부터 자유롭다.

지금 누군가 나를 본다면 그냥 빈둥대는 걸로 보일 거다. 그래도 상관없다.

이 세 가지에 모두 해당한다면 거의 확실히 닉센중이다.
만약 그렇지 않다면 모든 사항에 체크 가능한 순간을 떠올려본다.
아무것도 떠올릴 수 없다면? 그렇다면 당신은 이 책을 고르길 정말 잘했다!

닉센
선언문

1

아무것도 하지 않기를 우선순위로 삼겠어!

더 생산적이고 더 창의적인 사람이 될 수 있으며,

전반적으로 더 건강하고 행복해질 수 있기 때문이다.

2

나 자신에게 아무것도 하지 않을 자유를 허락하겠어!

비생산적이고 비사교적인 사람이 된다고 해도 괜찮다.

아무것도 하지 않는 건 게으르고, 이기적인 거라고 말하는

사람이 있다면 무시하겠다(친구, 동료, 내 안의 비판자까지 포함해서).

3

하루 중 아무것도 하지 않는 시간을 만들어내겠어!

나의 달력과 마음속에 여유 공간을 확보해줄 건전한 경계를 설정한 후,

시간 관리를 하면 가능한 일이다.

4

아무것도 하지 않는 순간을
나의 사회적, 개인적 삶을 위해 필수로 챙기겠어!

닉센의 잠재력을 내 삶에 불러들인다.

더 건강하고 행복해지기 위해서다.

5

아무것도 하지 않는 순간을 평생 습관처럼 만들겠어!

적극적으로 휴식하면서 목표가 딱히 없는 활동으로 시간을 보낸다.

그동안 나의 정신은 긴장을 풀고 방랑할 수 있다.

우리는 왜 빈둥거릴 수 없는가

아무것도 하지 않는 게 쉬워 보일 수 있다.
그러나 막상 실천하려고 하면
생각만큼 쉽지 않음을 깨닫게 된다.
편한 휴식과 재충전을 방해하는 것은 대체 무엇일까?
빈둥거리기가 그렇게 어려운 이유부터
이해해야 이 책에서 안내하는 도구들을 활용해,
서서히 균형 잡힌 삶을 사는 사람으로
변화할 수 있다. 일시 멈춤 버튼을 눌러
삶의 최대치를 누릴 수 있는 사람으로.

고정관념 만나보기

일이 너무 바빠…… 핸드폰을 끌 수 없어…… 친구들을 실망시키면 안 돼……
그럴 수 없어……. 핑계는 끝이 없다. 그냥 가끔씩이라도 스스로에게 아무것도
하지 않을 자유를 주면 어떨까? 더군다나 길게 보면 스스로를 위한 그런 시간이
목표 성취에 오히려 도움이 된다면? 아무것도 하지 않는 것을 주저하게 만드는
내면의 고정관념들을 자세히 만나보기로 한다.

자신에게도 관용을

휘넌gunnen은 타인이 좋은 경험이나 성공을 맛볼 수 있기를 대가
없이 기원해주는 이타적인 행위다. 특히 상대방이 노력으로
성취한 경우, 막상 나는 이루지 못했더라도 타인의 성공을
기뻐해주는 것이다.

이런 행위를 했을 때는 기분이 좋아져야 한다. 그러므로 축하해
주면서도 극도로 스트레스를 받는다면 그런 선의의 행위에
대해 다시 생각해보는 게 좋다. 선의도 자신에게 맞는 방식으로
베풀어야 한다. 무엇보다 자기 자신에게도 너그러워야 한다.
네덜란드에서는 스트레스 많이 받는 사람을 'Zich geen rust
gunnen(스스로를 쉬지 못하게 하는 사람)'이라 표현한다. 주위
사람들을 위해 베푸는 관용을 나 자신도 누릴 자격이 있다.
스스로에게도 휴식을 권하면서 자신을 잘 대접해보는 건 어떨까.

고정관념

1 아무것도 안 하기엔 너무 바빠요

바쁜 삶은 어느새 성공의 동의어가 되었다. 열심히 노력하기만 하면 사다리를
타듯 올라갈 수 있고, 열정은 금전적 성공으로 이어진다는 믿음을 주입받으며
우리는 성장했다.

브레이크를 밟아야 한다고 말하는 당신 머릿속의 작은 목소리는 '안 돼, 난
너무 바빠'라는 한마디로 음 소거되고 만다. 하지만 조금 솔직해져볼까? 정말로
하루에 잠시 잠깐이라도 멈출 시간이 없다고 생각하는지. 아마 아무것도 하지
않는 데 시간을 쓰고 싶지 않은 마음이 더 클 거다. 쉬면 생산성이 떨어질까 봐
겁이 나니까. 어쨌든 시간은 아깝기에 현명하게 잘 쓰고 싶은 마음이 든다.

그런데 나 자신을 우선순위로 생각하는 게 결국엔 시간을 잘 쓰는 거라면?
휴식과 회복의 시간을 희생하고 새로운 프로젝트나 지인의 초대를 수락한다면
장기적으로는 내 건강이 상할 수 있기 때문이다. 브레이크를 밟기 위해선 용기가
필요하다. 내가 슈퍼히어로로도 아니고 모든 걸 다 할 수 없다는 걸 인정해야
하니까. 자, 그렇다면 아무것도 하지 않기 위해선 나의 스케줄에서 과연 어떤
것들을 덜어내야 할까? 모든 게 다 똑같이 중요해 보이는 문제에는 다음 내용이
도움이 될 수도 있겠다.

가치 있는 일에 시간을 쓰고 있나요?

일주일이 7일이 아니라 8일이라고 가정해보자.

그렇다면 어떤 활동 — 여가든 업무 관련이든 — 을 집어넣고 싶은가?

새롭게 시작해보고 싶은 계획이 있는가?

그에 대한 답이 바로 나의 마음속 우선순위!

시간이 없어 당장은 못 하고 있는 그것이다.

————————

일주일이 오직 6일밖에 없다고 가정해보자.

이제 시간이 더 귀해졌다는 뜻이다.

어떤 활동을 우선순위에 두어야 할까?

어느 일에 시간을 덜 써야 할까?

가끔씩 위의 질문들을 스스로에게 던져보자. 그러면 가장 중요한 것이나

아무것도 하지 않기에 충분한 시간을 쓰고 있는지 알 수 있다.

EXERCISE

선행 릴레이

타인이 베푼 선행을 경험한 사람은 다른 사람들에게 친절할 가능성이 높아진다고
심리학자들은 말한다. 바로 도미노 효과가 발생한다는 것.
타인에게 관용을 베푼 다음 그에 대한 감사의 마음을 전달받으면 기분이 좋아진다.
머릿속을 꽉 채우고 있는 생각들로부터 잠시 벗어나는 데도 도움이 된다.
그래도 반드시 기억해야 할 것이 있다. 나의 한계를 제대로 인식할 것!
그리고 내가 다른 사람들보다 결코 덜 중요하지 않다는 사실도.

다음은 선행의 균형을 찾는 데 도움이 될 만한 항목들이다.

①

좀 더 관심을 가지고 다른 사람들의 선행을 인지하는 것에서 출발한다.

②

매일 좋은 일을 할 만한 기회를 찾는다. 하지만 나에게 알맞은 선을 지킨다.
필요 없는 콘서트 표를 파는 대신 친구에게 선물한다.
멋진 프로젝트는 동료에게 양보하고 나의 일과표에 빈 공간을 만든다.

③

분수에 넘치는 것은 어떤 것도 제안하거나 권하지 않는다.
남의 부탁 때문에 나의 휴식 시간이 침해당할 것 같으면 당당히 거절해도 괜찮다.

④

누군가가 선의를 베풀고 도움을 제안하면 고마워하면 된다.
거절하거나 "굳이 그럴 필요 없어요"라고 말하는 대신
그저 "고맙습니다"라고 말하면서 미소 짓는다.

**적어도 일주일간 이 네 가지를 매일 실천하면서
몇 번이나 미소 지었는지 세어본다.**

아무것도 하지 않는 건 게으른 거예요

질문! 동시에 여러 가지 일을 하고 있는 내 모습을 얼마나 자주 발견하는가?
출퇴근, 이메일, 문자, 전화, 메신저, 미팅, 일, 가사 등등. 그렇다면
전자기기로부터 자유로울 시간은 있는지? 과연 정말 의미 있는 일을 하고
있는지? 요즘 세상은 더 빨라졌고, 더 밀접하게 서로 연결되어 있으며, 그 어느
때보다 미쳐 돌아가고 있다. 아무것도 하지 않는 것은 용서할 수 없는 일이고,
죄를 짓는 것처럼 보인다. 이젠 모두가 조용히 자기 생각에 빠지는 법을 잊어버린
것만 같다.

우리가 '무'의 상태를 동경하지 않는다는 것은 아니다. 마음 챙김, 피정, 안식년은
어느 때보다도 인기 있다. 당연히 이런 깔끔한 휴식은 도움이 된다. 다시 기운을
회복하고 목표를 추구할 동기를 부여해주니까. 하지만 효과가 과연 얼마나
지속될까?

아무것도 하지 않는 시간을 일회성 사치 같은 것으로 치부해선 안 된다.
장기적인 해결책으로 생각해야 한다. 아무것도 하지 않음은 현대 광기에서
벗어날 회복제다. 영혼을 차분히 진정시키고 명료한 정신을 약속한다. 분주함
대신 통찰력과 생산성을 불어넣는다. 우리에겐 멈춤의 일일 권장량이 필요하다.
이제는 거절하는 법을 배워야 한다. 그리고 기억해야 한다. 시간은 돈이 아니다.
시간은 우리 자신이다.

잘 가, 핑계!

나는 24시간 연락이 가능해야 돼…… 빈둥거리기엔 책임지고 있는 일이 너무
많아…… 상사가 나를 자를지도 몰라……. 핑계가 끝도 없이 쌓여간다면 다음에
소개하는 바이킹 스타일 의식이 그런 핑계들에 작별을 고하는 데 도움이 될 수도
있다. 이 의식을 위해선 양초, 불연성 그릇, 성냥 한 갑, 팔로 산토(신성한 나무),
그리고 종이와 펜이 필요하다.

1단계: 양초를 불연성 그릇에 담고 불을 붙인다. 팔로 산토에 불을 붙여 향기
나는 연기를 방 안에 퍼지게 흔들어준다. 나무 향은 부정적인 에너지를
해소하고 기분을 띄워주는 효과가 있다.

2단계: 아무것도 하지 않는 시간을 낼 수 없는 나의 핑계들을 모두 적어본다.

3단계: 종이를 접어 나의 핑계들을 두 손으로 잡고 눈을 감는다.

4단계: 핑계들에 작별을 고하고 이제 다른 사람한테 가서 방해하라고 말한다.
그리고 핑계들이 적힌 종이를 촛불에 갖다 대고 불을 붙여 재로 만든다.

5단계: 팔로 산토에 다시 불을 붙여 올라오는 연기에 불탄 핑계들의 기운이
사라지는 상상을 한다. 마음이 한결 가볍고 긍정적으로 바뀔 것이다.

이 모든 과정이 바보같이 느껴질지도 모른다. 그러나 이건 상징적인 의식이다.
과거의 핑계들은 더는 변명거리가 되지 않는다고 스스로에게 하는 다짐이다.
필요하다고 느낄 때마다 이 의식을 반복한다.

$$\boxed{\text{EXERCISE}}$$

미안하지만 미안하지 않아

우리는 시간을 생산적으로 보내지 않으면 죄책감을 느낀다.

난 좀 잘못한 것 같아. 내가 오늘 아침에 한 일이라곤 아침 먹고,
인스타그램을 확인하고 창밖을 내다본 것밖에 없기 때문이야.

나는 실패한 것 같아. 이번 주 내로 보내야 했던 보고서를 끝내지 못했기 때문이야.

스스로를 몰아세우기는 너무 쉽다. 세상이 두 쪽 날 일도 아닌데. 아무것도 하지 않기
위해 휴식 시간을 갖는 것 역시 나쁜 행위가 아니다. 그러니 문장을 새로 써보자.
아무것도 하지 않은 이유를 죄책감을 걷어내고 이야기해보자.

나는 잘못한 게 없어. 휴식을 원하는 내 요구를 들어주었을 뿐이야.

잠시 물러나 나의 자리를 돌아볼 필요가 있었어.
그렇게 잠시 멈추었더니 모든 것이 더 또렷해졌다.

나를 필요로 하는 사람들을 차마 모른 척할 수 없어요

스스로에게 질문해보기: 다른 사람들이 나를 어떻게 생각하는지에 대해 왜 그토록 신경 쓰는 걸까? 남들이 나한테 실망하거나 나를 이기적인, 나쁜 사람으로 볼까 봐 두려운 걸까?

우리는 대부분 다른 사람들을 배려해야 한다고 배우며 성장했다. 나 자신을 먼저 생각하면 자기중심적이고 오만한 사람이라고. 그러나 다른 사람들을 위해 계속 내 시간을 희생하는 것은 초의 양쪽에 불을 붙이는 것과 같아서 결국 누구에게도 줄 게 남지 않게 된다.

내가 모두에게 꼭 필요한 사람이 되고 싶다는 생각이 자꾸 든다면 경각심을 가져야 한다. 기내 비상 행동 수칙을 떠올려보자. 내가 먼저 산소마스크를 써야 다른 사람들을 도울 수 있다. 본인의 에너지가 고갈된 상태에서는 누구에게도 필요한 사람이 될 수 없다. 남은 에너지가 없기 때문에. 타인을 돕는 것은 좋은 일이다. 그걸 부정하는 건 아니다. 그러나 먼저 자기 자신부터 보살펴야 한다. 주위에 필요한 사람이 되어야 한다는 생각에 에너지를 낭비하지 말고, 이제 나의 삶에 가장 소중한 사람에게 시간을 투자하자. 그 사람은 바로 나 자신.

거절했다면

거절할 수 없어서 하기 싫은 일을 수락한 때를 떠올려본다.

거절이 왜 그렇게 어려울까? 솔직하게 대답할 것.

지나고 나서 생각해보니, **달리 어떻게 했더라면 좋았을까?**

만약 거절했다면 **결과는 어떻게 달라졌을까?**

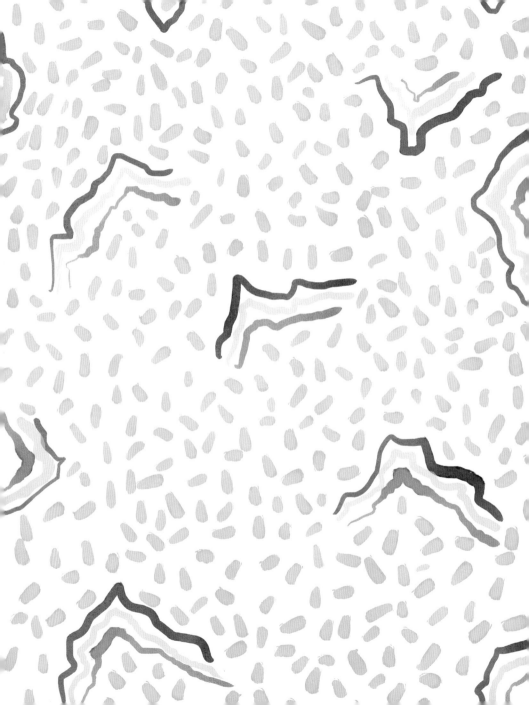

내면의 용기

확신에 찬 말은 우리가 무언가(아무것도 하지 않기도 포함)를 할 수 있게 격려해주는 강력한 도구가 된다(생각, 말, 글 모두 해당). 우리는 다른 사람들과 대화할 때나 머릿속으로도 종일 확신에 찬 말을 한다. 그런데 안타깝게도 많은 사람들에게 도움 될 게 하나도 없는 부정적인 생각들이다. 아무것도 하지 않기에 대한 얘기가 나오면 우리는 서슴없이 스스로 깎아내리는 말을 한다.

아무것도 하지 않는 건 커리어 발전에 도움이 되지 않아…….

나는 게으른 돼지야…… 수동적인 건 나빠…….

이런 말을 자꾸 반복하다 보면 얼마 지나지 않아 진짜 그 말을 믿게 된다. 그러니 말을 바꾸어보자. 확신에 찬 긍정의 말이 매일 잠시라도 멈춤의 시간을 자신 있게 누릴 수 있도록 격려해줄 테니까.

내 몸이 나에게 피곤하다고 호소할 땐 그 소리에 귀를 기울이겠어…….

지금 쉬면 나중에 더 생산적인 사람이 될 수 있어…….

아무것도 하지 않아도 괜찮아…….

이런 긍정의 말들을 밀어내려는 부정적이고 의심에 찬 목소리를 차단하려면 무트moed(네덜란드어로 용기, 배짱)가 필요하다고 네덜란드 사람들은 말한다. 무트는 남들이 뭐라고 말하든, 무슨 생각을 하든, 내게 뭘 기대하든 나의 직감을 따르게 하는 내면의 용기다. 다른 사람들에게 잘 보이거나 그들을 위축시키려는 의도의 허세나 무모함과는 다르다. 무트는 남들이 아닌 나를 위한 용기다. 매일 긍정의 말을 반복하면 우리의 뇌는 좀 더 용감해질 수 있다.

과거 떠나보내기

사람들 마음은 스펀지 같다. 그 스펀지는 과거의 실수, 놓쳐버린 기회, 원한이나
슬픔을 쏙 빨아들인다. 이런 감정과 기억은 마치 비행선에 매달린 모래주머니 같다.
비행선의 속도를 늦추고, 힘껏 날아올라 새로운 대륙을 발견하지 못하게 방해하니까.
잠시 시간을 갖고 이런 모래주머니들을 가려내어 도움이 안 되는 것들은 싹둑
잘라버리자. 털고 가는 거다! 지금을 살고 있지 않은가. 과거의 그런 잡동사니들은
시간과 에너지를 낭비할 뿐이다.

괜찮아

노트나 일기장에 '아무것도 하지 않아도 괜찮아'라는 문장을 적은 후에 소리 내어 읽는다. 같은 문장을 다시 적고 또 큰 소리로 읽는다. 그리고 믿음이 생길 때까지, 손가락에 감각이 둔해질 때까지, 이 과정을 반복한다.

나만의 다짐을 활용해 쓰고 싶다면? 얼마든지 좋다. 다음 내용에서 영감을 얻어도 좋다. 다만 진심으로 원하는 문장을 골라 긍정적으로, 진심을 담아 연습할 것.

나를 가장 우선순위에 두고

- 전화를 받지 않아도 괜찮아.

- 내가 원하지 않는 건 거절해도 괜찮아.

- 토요일 밤에 집에 있어도 괜찮아.

- 오후에 반나절을 쉬어도 괜찮아.

- 하루 쉬어도 괜찮아.

- 약속을 취소해도 괜찮아.

- 마음을 바꾸어도 괜찮아.

- 아무것도 하지 않아도 괜찮아.

우선순위 손보기

닉센은 삶의 균형을 잡아준다. 그래서 닉센을 위한 시간이 필요하다. 타임아웃을 만들어내려면 먼저 하루 일과를 골뜰히 들여다보아야 한다. 우리가 좋아하는 일을 하면서, 더 생산적으로 살기 위해서다. 먼저 심호흡을 하고 다시 에너지를 모아보자. 좋아하는 일을 잘 할 수 있는 시간을 늘리기 전에 기억해야 할 것이 한 가지 있다. 닉센을 시작하기 전, 우선순위부터 정리해야 한다는 것!

평범하게 살기도 힘들어

네덜란드인의 국민성을 잘 보여주는 말을 하나 꼽으라면, 그건 아마도 'Doe normaal, dan doe je al gek genoeg'일 것이다. 번역하면 대략 '평범하게 살아. 그것만으로도 힘드니까' 정도 되겠다. 네덜란드 문화에 깊이 뿌리박힌 이 표현은 문화적 분위기를 잘 반영하고 있다. 잘난 척하거나 허세 부리지 말 것, 돈 자랑하지 말 것, 그리고 주위 관심을 끄는 과장된 행동을 하지 말 것.

야망이 커서 성공의 노예로 살아가는 사람들은 'Niet normaal(평범하지 않다)'이라고 동정을 받는다. 그들의 노력이 자기 분야에서 성공을 의미해도 동정받기는 마찬가지.

요즘같이 정신없이 빨리 돌아가는 시대에 '평범하게 살아'라는 패기 없는 목표는 엉뚱하게 들릴지도 모른다. 그러나 닉센이라는 맥락에서는 무엇보다 의미 있다. 그 말에는 우리의 삶이 그렇게 급하고 정신없을 것도 없고, 최고의 커리어나 돈벌이도 중요하지 않다는 암시가 깔려 있다. 그저 각자의 시간을 의미 있게 보낼 수 있다면 그걸로 된 것이다. 그것이 네덜란드에 파트타임 근무를 원하는 사람들이 아주 많은 이유다. 일을 중요하게 생각하지 않는 게 아니라 가족이나 친구와 보내는 시간, 봉사하는 시간, 혼자 휴식하는 시간을 우선순위로 생각하는 것뿐이다.

나는 나중에 어떤 사람으로 기억되고 싶은지 생각해보자. 한 시간 안에 모든 이메일에 답을 보내는 사람? 아니면 다정한 동반자, 좋은 부모, 의리 있는 친구? 어느 때보다도 각자의 삶을 선택할 수 있는 시대다. 주어진 삶을 어떻게 설계할지는 내가 결정한다.

나의 우선순위는?

이 질문에 오래 고민하지 말고 떠오르는 걸 바로 대답한다면 무엇일까?
암스테르담대학교의 비테커 코넌이라는 연구원은 네덜란드 사람들이 가치 있게
생각하는 우선순위를 다음 5개 국가와 비교했다. 영국, 독일, 이탈리아, 체코,
덴마크*. 그 결과는 많은 것을 시사한다.

가족은 모든 나라에서 가장 중요한 가치로 꼽혔다. 그러나 일에 대해서는
네덜란드 사람들만 생각이 달랐다. 그들은 일을 이웃 나라들보다 훨씬 낮은
순위로 꼽았다. 가족, 친구, 그리고 자유 시간 다음이었다. 다른 나라에서는 일이
두 번째 순위였다. 총 6개국의 근로자들 중 자유 시간을 가장 가치 있게 생각한
사람들도 네덜란드 근로자들이었다.

자유 시간은 우리 모두가 우선순위로 챙겨야 한다. 근무 시간을 줄이거나 긴
휴가를 쓰는 사치를 누리기는 쉽지 않을 수도 있다. 그러나 각자 형편에 맞게
시간을 잘 활용하는 것은 얼마든지 가능한 법. 균형 잡힌 온전한 삶을 살고
있다고 느끼려면 무엇이 필요할까? 사회적 성취와 경제적 성공? 가족? 활기찬
친목 모임? 건강, 웰빙, 개인적인 발전? 이 질문에 대한 대답이 나만의 이상적인
워라밸이 무엇인지 결정하는 데 도움을 줄 것이다. 바로 지금이 잠시 하던 일을
멈추고 점검해볼 시간이다.

● 코넌은 유럽의 가치 연구(1981~2017) 데이터를 활용했다. 이 연구는 유럽인들이 가장 가치 있게
  생각하는 일을 삶의 다른 분야와 비교해서, 일에 부여하는 가치에 대해 알려 준다.

기대라는 즐거움

일단 달력에 닉센의 시간을 표시하거나 쉬는 날을 하루
정해두기만 해도 좋다. 그것만으로도 그 전부터 시간이 즐거워질
수 있다. 네덜란드어에 포르프렛^{voorpret}은 '미래의 즐거움을
상상하는 데서 오는 기분 좋은 기대감'이라는 의미다. 그래서
네덜란드 사람들은 1월 초부터 여름휴가를 많이 예약한다. 춥고
밤이 긴 달들을 보내며 기대할 무언가가 생기기 때문이다. 좋은
일에 대한 기대감이 삶에 대한 전반적인 만족감을 높여준다는
것은 이미 심리학자들 사이에서 입증된 사실이기도 하다.

행복 다이어리 쓰기

하루의 리뷰를 통해 무엇이 나를 행복하게 하는지 알아보자.
어제 한 일들을 전부 적어보고, 행복의 정도를 1~10점 사이로 수치화한다.
며칠이나 몇 주 동안 이 활동을 반복한다. 옳은 선택을 하는 데 도움이 되고
결국은 나에게 꼭 맞는 라이프스타일을 발견할 수 있다.

예:	기상	7.0
	식사	7.5
	일	5.5
	TV 시청	7.0
	독서	8.0
	운동	8.0
	이동	4.5
	낮잠	8.0
	소셜 미디어	6.5
	취침	7.5

행복 다이어리는 우리가 시간을 제대로 잘 쓰고 있는지 보여준다.
만약 어떤 항목이 계속해서 5.5 이하를 기록한다면 우리 생활을 바꿀 때가 된 건지도
모른다. 좋아하는 활동을 할 수 있는 자유 시간을 사수하면서
야근도 안 되고 매일 점심시간도 희생해선 안 된다.•
이 활동은 우리가 시간을 어떻게 쓰고 있고 어떻게 쓰길 원하는지 이해하고,
혼자만의 쉬는 시간을 만들어내는 데 도움이 된다.

• 이 활동은 에라스뮈스대학교의 과학적 연구에서 영감을 받았다.

일과 쉼의 파도타기

계속 바쁘기만 하거나 전혀 아무것도 하지 않는 삶에는 정말 중요한 리듬이
빠져 있다. 두뇌가 건강하게 제 기능을 하기 위해서는 업다운이 필요하다. 즉,
무언가를 하는 것과 하지 않는 것처럼 대비되는 활동 말이다. 리듬감 있는 물결
패턴, 끊임없이 오르락내리락하는 파도의 움직임을 떠올리면 이해하기 쉽다.

우리의 뇌는 매일 맞닥뜨리는 변화에 끊임없이 적응해나가며 스트레스 속에서
삶의 굴곡과 기복을 처리해나가도록 설계되어 있다. 문제는 우리가 스스로에게
쉬면서 회복할 수 있는 시간을 허락하지 않을 때 발생한다. 그때 스트레스는
만성이 된다.

우리가 도달하고자 하는 상태는 일과 쉼의 유기적인 흐름이다. 우리의 정신은
대부분의 시간 동안 활동하면서 무언가에 매달려 있지만, 그로부터 완전히
벗어나기도 해야 한다. 그렇게 일과 쉼의 파도를 타야 한다. 낮은 파도의 잔잔한
물에서 다시 힘을 얻을 기회를 거부해서는 안 된다. 우리의 몸과 마음은 쉼을
통해 회복하고, 돌아볼 시간을 필요로 한다.

원기 회복 호흡법

두 눈을 감고 바다의 리듬을 눈앞에 그려본다. 오르락내리락하는 파도의 움직임을. 그 움직임과 나의 호흡을 나란히 맞추어본다는 생각으로. 들숨에서 파도가 다가오는 모습을 상상하며 배를 팽창시킨 후, 천천히 숨을 내뱉는다. 처음에는 파도가 고르지 않을 수도 있다. 호흡을 가다듬고 천천히 하면 차츰차츰 잔잔해질 것이다.

바쁜 하루에 기운을 북돋는 호흡법으로 활용해보자. 어디에서나 가능하다. 잠깐 화장실에 갔을 때나 컴퓨터 앞에 앉아 있을 때도.

EXERCISE

매직펜 테스트

이 간단한 활동으로 일주일의 우선순위를 결정한다.

이번 주에 계획하고 있는 일들을 모두 적어본다. 일과 관련된 일, 개인적인 일까지 전부. 이제 검은색 매직펜을 들고 연기할 수 있거나, 다른 사람에게 맡길 수 있는 일, 취소할 수 있는 일을 지워나간다. 가장 중요한 활동만 남긴다. 일일 닉센도 그중 하나!

집으로 해보는 테스트

삶을 집이라 가정해보자. 각각의 방이 우리 삶의 여러 단면을 대변한다.
일, 가족, 놀이, 건강…… 등등. 상상에 도움이 되도록 종이 한 장을 준비해
집의 단면도를 그려본다. 볕이 잘 들어오고,
커다란 창이 있는 (그리고 커튼은 없는) 전형적인 네덜란드 집으로.

침실은 밤마다
적어도 일곱, 여덟 시간씩
자는 공간

홈오피스는
언제 어떻게
일하는지에 해당하는
공간

부엌은 가족과 함께
보내는 시간을 대변하는 공간.
식구들에게 양분을 공급하고
식탁에 앉아 아이들의
숙제를 도와주는 공간

화장실은
자기 관리를 위한
이상적인 공간

거실은 사회생활을
상징하는 공간.
친구들과 앉아 시간을 보내고,
춤추고 노래하기도 하고,
친밀한 대화를 나누는
조용한 공간

닉센을 위한 방은 별도로 지정한다.
생각에 잠기고, 꿈꾸고,
아무것도 하지 않는 공간
(진짜 집에 닉센 방을 꾸미는 방법은
83쪽 참조)

당신이 머물 방

이제 이 집의 비유를 실생활에 적용해보기로 한다. 이 집이 당신이 꿈꾸던 공간일까? 아늑함이 느껴지고, 자신감이 절로 생기고, 동기 부여가 되는 아늑한 그런 집. 당신에게 가장 중요한 공간은 어디인가? 그 공간에서 충분한 시간을 보내고 있는가?

어쩌면 당신은 홈오피스에서 너무 많은 시간을 보내고 있는지도 모른다. 야근 때문일 수도 있고, 동료가 밤이나 주말에 자꾸 전화를 하기 때문일 수도 있다. 얼마 남지 않은 자유 시간을 가족이나 친구를 위해 쓰면 결국 닉센 방에서 쓸 시간이 희생된다. 그렇게 그 방은 몇 날 며칠 방치된다.

경계 설정

내 주위에 보이지 않는 경계를 세운다. 나와 물밀듯이 계속 밀려오는 사람들 사이에, 나와 나의 공간을 위협하는 것들 사이에. 친한 친구들은 에너지를 끌어올려주는 존재지만, 일하는 시간을 방해하는 유독성 에너지는 차단이 정답! 감당할 수 없는 일은 맡지 않는다. 공간 조성과 경계 설정은 육체적 · 정신적 건강을 유지하는 데 중요하다. 자신 돌보기는 매일 해야 하는 일이다. '그만!'이라고 외치는 내면의 목소리에 귀를 기울이자. 내 영혼을 살찌우는 시간을 충분히 안배해, 닉센의 방에서 시간을 보내면서(앞쪽 참조).

1일
1닉센

일, 육아, 운동, 친목 모임……
우리의 일주일은 세계 최고 레스토랑의 테이블보다도
빨리 채워지곤 한다. 4장에서는 닉센을 위한
물리적·정신적 공간을 만드는 방법에 대해 살펴본다.
시간은 아주 소중한 재료라 딱 한 번만 쓸 수 있다.
우리는 할 일에 쓸 시간과 아무것도 하지 않으며
보낼 시간을 현명하게 배분해야 한다.

더치 타임

삶이 너무 바빠질 때면 나는 어린 시절의 일요일이 다시 돌아오길 바란다. 내가
살던 마을에서 일요일은 휴식과 빈둥거림의 시간이었다. 가게들은 문을 닫았고
사람들은 대부분 일을 쉬었다. 심지어 거리에 차도 거의 다니지 않았다. 제대로
된 휴식을 제공하기 위해 시간은 알아서 스스로 느리게 흘러가는 것 같았다.
우리는 주중에 아무리 바빠도 일요일이 오면 쉬면서 게을러질 수 있다는 걸
알았다.

이제는 일하고 쉬는 시간을 정하는 주체가 교회나 국가가 아니라 우리 자신이
되었다. 너무 조용하고 심심하다고 느낄 때나 아무 때라도 오락거리를 찾을 수
있다. 우리에게 주어지는 시간은 변함이 없는데 일주일에 7일, 24시간 안에
욱여넣는 활동은 엄청나게 늘었다. 항상 바쁨에 중독된 것처럼 느껴질 때도 있다.
만약 당신의 일요일이 화요일처럼 느껴진다면 이제 그 광기를 멈추어야 할 때다.
그런 당신을 위해 닉센이 있다.

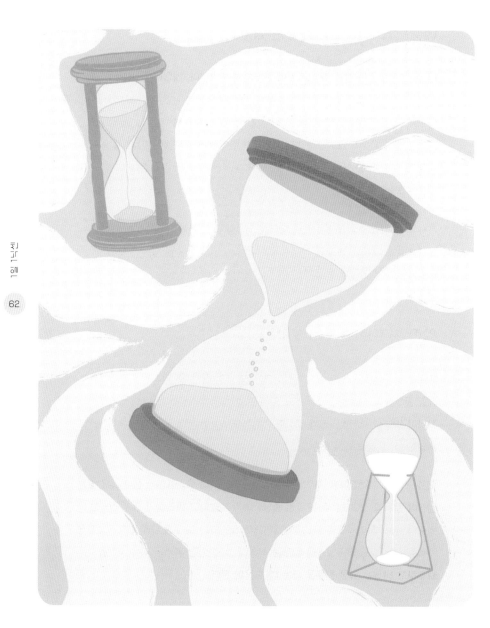

네덜란드식으로 거절하는 법

네덜란드에는 진실함을 배려보다 더 중요하게 생각한다. 네덜란드 사람들은
누군가 새 옷을 입고 오면 솔직하게 말해주기도 하고, 업무에 대해서도 정직한
피드백을 주는 편이다. 마찬가지로 타인의 부탁을 들어줄 수 없거나 들어주기
싫으면 돌려 말하지 않고 있는 그대로 말한다. 이런 단도직입적인 발언을
직설적으로, 심지어 무례한 것으로 받아들이는 사람들도 있지만 절대 그런
의도는 아니다.

혼자 있을 시간이 필요해서 저녁 약속을 취소하고 싶다면? 그럼 그냥 그렇게
말씀하시길. 그래도 괜찮다. 그랬다고 절교당할 일은 없다. 오히려 상대방도
똑같이 편하게 행동할 수 있다.

일정 짜기를 즐기는 사람들

네덜란드 사람들은 주머니에 쏙 들어가는 크기의 플래너와 디지털 다이어리를
정말 좋아한다. 네덜란드에서 예고 없이 남의 집에 찾아갔다가는 아주 어색한
상황이 벌어질 수 있다. 커피 약속도 즉흥적으로 잡는 일은 흔치 않고 친구와의
만남도 몇 주 전부터 계획한다.

이를 오버르지흐텔릭헤이트overzichtelijkheid, 일정 짜기의 즐거움이라 한다. 정신없는
일상에 질서를 잡고 한 주 한 주를 좀 더 예측 가능하고 관리하기 쉽게 만드는
것이다. 회사에서 목요일에 프레젠테이션이 열린다는 걸 월요일에 알게 되었다면
준비를 위해 수요일은 일정을 비우는 식이다. 미리 일정 짜기는 자유 시간을
보호하고 닉센을 위한 창문을 내는 데 도움이 된다.

시간 배분하기

일, 가족, 친구를 위한 시간이 있고, 온전히 나를 위한 휴식의 시간이 있다. 이 모든 것들이 들어갈 자리를 만들어 하루 계획을 잘 짜야 한다. 무엇이든 한 가지에만 시간을 몰아 쓰면 삶의 균형이 틀어지고 스트레스를 많이 받게 되니까.

자유 시간은 얼마나 필요할까?

너무 바빠서 정작 중요한 일에 쓸 시간이 없어지면 에너지가 부족해진다. 결국은 만성 스트레스에 시달리며 불만만 늘어간다. 그런가 하면, 자유 시간이 너무 많아져도 정신이 멍해지면서 지루함과 욕구 불만을 느끼게 된다. 주위 사람들보다 자유 시간이 많아지면 외로움마저 느낄 수 있다.

그렇다면 행복하게 살기 위해선 얼마만큼의 자유 시간이 필요할까? 펜실베이니아대학교와 UCLA*에서 2018년 진행한 연구 결과, 풀타임으로 근무하는 사람들의 경우 하루에 두 시간 반을 가장 적절한 시간으로 권장했다. 그보다 자유 시간이 적으면 스트레스를 받게 되고 그보다 많으면 게으르고 비생산적인 느낌을 가질 수 있기 때문이다. 물론 개인의 성격에 따라 차이가 날 수 있다. 다른 사람들보다 자유 시간을 좀 더 필요로 하는 사람들도 있을 테니까. 나만의 닉센 시간을 짜는 데 도움이 될 만한 아이디어들이 다음 페이지에 나온다. 그 아이디어들을 참고로 나에게 적당한 시간을 판단해보시길.

● 머리사 샤리프, 캐시 모길너, 할 허시필드, 「The Effects of Being Time Poor and Time Rich on Life Satisfaction」, 2018.11.15.

닉센이 가능한 일정 만들기

닉센을 우선순위에 두기
평일에는 20분씩, 주말에는 하루에 두 시간씩 비운다. 그렇다고 시간에 너무 집착할 필요는 없다. 매일 계획에 타임아웃이 존재하는 것이 핵심!

업무와 업무 사이에 빈 시간 배치하기
예상치 못한 상황으로 일이 밀리거나 갑자기 새로운 일이 생겼을 때 아무것도 하지 않는 시간으로 쓴다. 이렇게 비워두면 야근을 하거나 주말에 일해야 하는 상황에 대비할 수 있다.

시간을 구체적으로 정하기
각각의 일에 시간을 얼마나 쓸지 계획한다. 만약 정해놓은 시간보다 빨리 끝나면 아무것도 하지 않을 기회를 얻을 수 있다.

일주일에 한 번씩 돌아보며 점검할 시간 갖기
가끔씩 잠시 멈추고 큰 그림을 살펴볼 시간이 필요하다. 그러지 않으면 계획을 따라가기 급급해 타임아웃의 기회를 놓치기 쉽다.

엄격하지만 현실적으로
일정에 집어넣은 활동은 모두 해낼 수 있어야 한다. 만약 예상치 못한 일이 생겨 닉센의 계획을 지워야 한다면 다른 시간으로 옮긴다.

비슷한 성격의 일끼리 묶기
일의 종류별로 다른 색깔을 사용해서 표시하면 균형 잡힌 삶을 살고 있는지 한눈에 볼 수 있다. 그리고 그에 따라 일정을 조정할 수 있다.

나의 시간에 닻을 내리고

주말 내내 시간을 마음대로 보내도 된다고 상상해보자. 무엇이든 하고 싶은 것을 하면서. 천국이 따로 없을 것 같겠지만 현실은 다를 수 있다. 아무런 목적 없는 주말은 오히려 지루하기만 하고 아무것도 손에 안 잡힐 수 있다. 뭘 해도 괜찮은, 긴 시간이 주어지면 오히려 그 시간에 압도되어 긴장을 풀고 제대로 쉬기 어렵다. 이런 상황에서 닉센은 부정적인 시간이 될 수도 있다.

"익숙하고 반복적인 삶의 리듬에 의해 체계가 설 때에만 시간은 목적과 의미가 생긴다"라고 철학자 마를리 휘에이어르^{Marli Huijer}•는 말했다. 그렇다면, 오후 5시까지 일하고 8시에 친구를 만난다고 상상해보면 어떨까? 당신에게 마음대로 쓸 수 있는 한정된 시간이 생긴다. 서두르지 않아도 될 만큼 짧지도 않고, 방황하지 않을 정도로 길지도 않은.

체계와 루틴이 필요하다는 걸 기억하고 싶을 때마다 네덜란드의 유명한 제방을 그려보기로 한다. 네덜란드의 제방이 그들이 번창하며 살아갈 수 있는 공간을 보장하면서 동시에 물의 범람을 막아주듯, 우리 달력에 닻을 내려 시간을 정박시키면 닉센에 쓸 수 있는 여유 공간도 생기고 스트레스 범람도 막을 수 있다.

● 「Zoeken naar het juiste ritme in de 24-uurs-economie(24시간 경제에서 알맞은 리듬 찾기)」,
『Filosofie Magazine(필로소피 매거진)』, 2008.

시간을 잘 쓴다는 것은?

한 주를 돌아보기 위해 시간을 정한다. 책상이 아닌 편안한 자리를 찾는다. 그곳에 자리를 잡고 머리에 떠오르는 것들을 무엇이든 적는다. 이렇게 하면 지금 머릿속을 메우고 있는 일들을 내려놓고 좀 더 맑은 정신으로 집중할 수 있다(81쪽의 '멘털 미니멀리즘' 참조). 10분간 긴장을 풀고 일상의 잡다한 일로부터 얼마간의 거리를 만들어보자. 낙서를 해도 되고, 창밖을 내다보거나 잠시 눈을 감아도 좋다.

일단 편안한 상태가 되면 단순한 질문 세 가지를 해본다.

이번 주, 내가 성취한 것들이 나를 행복하게 했나?

나는 계획한 만큼의 타임아웃을 실천했나?

다음 주에 타임아웃을 실천하기 위해 내가 할 수 있는 일은 무엇일까?

이에 대한 답은 나의 일이 아무것도 하지 않아야 할 나의 시간을 방해했는지 깨닫게 한다. 그리고 다음 주의 목표 설정에도 도움을 준다.

언제라도 닉센

때로는 조용하고 평안한 순간을 위한 여유를 찾기 어렵다. 이유는 단순하다.
시간이 내 편이 아니기 때문이다. 하지만 아주 잠깐의 기회라도 있다면 일의
의무감에서 벗어나 내면으로 방향을 돌려보기로 한다. 만약 닉센을 해야 한다는
생각만으로도 어색해지거나 불편해진다면? 그래도 괜찮다. 한 발 한 발 천천히
시작하면 되니까. 처음에는 인내심을 갖고 하루에 몇 분씩만 해보기로 한다.
그러다가 그 시간을 30분에서 그 이상으로 늘려나간다.

만약 내게 시간이……

◯ 전혀 없다면

스트레스 볼을 꽉 쥔다. 이 방법의 가장 큰 장점은 어디에서나 할
수 있다는 것. 책상에 앉아 있을 때, 심지어 회의 중에도 가능하다.
공을 꽉 쥐면 손과 손목의 근육이 활성화되고 움켜쥐었던 주먹을
풀 때는 근육이 이완되며 긴장감과 스트레스가 풀린다.

5분 있다면

책상을 정리하며 머릿속을 정리한다. 주변에 널려 있는 물건 중에 오늘 필요하지 않은 것들은 싹 치운다. 효과는 일거양득. 청소 과정은 그 자체만으로도 진정과 보상이 따르는 치료 요법, 그 결과물은 닉센하기 좋은 차분한 환경이다. 그야말로 윈윈.

10분 있다면

느긋함과 만족감을 느낄 수 있는 공간에 있는 나의 모습을 그려본다. 스트레스를 유발하는 감정들로부터 균형을 잡을 수 있도록 뇌에 긍정적인 신호를 보내기 위해서다. 두 눈을 감고 아주 세세한 부분들까지 떠올려본다. 나를 둘러싸고 있는 공간의 향, 소리, 빛깔, 그리고 아름다운 광경까지. 마음의 눈으로 나만의 행복한 공간을 불러낼 수 있도록 모든 감각을 동원한다. 그리고 그 안에 흠뻑 빠져들기를 기다린다. 그때 닉센의 행복한 상태로 향할 수 있다.

30분 있다면

근육의 긴장 이완 운동을 꾸준히 하면 몸과 마음이 깨어나 종일 앉아 있거나 서 있느라 긴장된 근육을 풀 수 있다. 몸의 긴장을 풀 수 있는 (앉은 채로 혹은 누워서 할 수 있는) 자세를 찾아 시도한다. 두 눈을 감고 발끝에서부터 머리끝까지 근육을 조였다가 풀어준다. 긴장이 몸에서부터 빠져나가는 걸 느낀다.

타임아웃 지키기

어렵게 짜놓은 휴식 시간을 불도저처럼 순식간에 밀어버리지 않게 지켜내야
한다. 누구로부터? 남과 나 자신으로부터. 나의 욕구에 솔직해진다면 내게 가장
이로운 걸 소중히 여길 수 있다. 과연 그걸 나쁘다고 할 수 있을까?

잘 거절하는 법

우리도 네덜란드 사람들처럼 거절하는 것을 두려워하지 않기로 한다. 상대방이
처음에는 실망할 수도 있지만, 적어도 상황 파악은 확실히 할 수 있다. 다만
거절의 말은 신중하게 선택한다. 아니면 어색해질 수도 있으므로.

- **솔직하기**

  누군가가 부탁을 해온다면? 간단하다. "미안해요, 오늘은 안 되겠어요"라고 말하면
  된다. 그리고 나의 고충을 솔직히 말한다. "요즘 너무 정신없이 바쁘게 지냈거든요.
  그래서 오늘은 좀 쉬기로 했어요. 저한텐 정말 꼭 필요한 시간이에요." 그들의 부탁을
  들어줄 수 없는 이유들을 쥐어짜며 주절주절 늘어놓을 필요는 없다. 더 구차하게
  들리기만 할 뿐이다.

- **짧게 말하기**

  구구절절 말하고 싶지 않다면 그냥 이렇게만 말해도 좋다. "안타깝지만, 그건 제가
  도움을 드릴 수 없네요." 이런 대답을 할 땐 상대방을 실망시킬 수 있으며, 그리고
  거절하는 내 기분도 좋을 수 없다는 걸 깔끔히 받아들인다.

- **가능성 열어두기**

  이렇게 덧붙여도 좋다. "지금은 안 되지만 다음에는 저를 기억해주세요." 지금의
  거절이 미래의 거절을 의미하는 것은 아니다. 그저 지금 당장은 안 된다는 의미다.

- **직접 말하기**

  문자 메시지는 오해를 부르는 가장 악명 높은 소통 방법이다. 문자를 보내기보단
  상대에게 전화를 건다. 같은 사무실에 있는 사람이라면 직접 찾아가 잠깐 얘기한다.
  그래야 상대방이 나의 목소리와 말투를 들을 수 있고, 표정과 몸짓을 볼 수 있다. 절대
  방어적으로, 공격적으로 행동하지 않는다. 개인적인 감정은 전혀 개입되지 않았음을
  보여준다. 단순히 지금 어려울 뿐이다.

도움을 청할 것

맡은 일을 기한 내에 하느라 고전 중이라면 좀 더 적극적으로 사람들에게 알려도
좋다. 쉬는 시간을 희생하는 대신에 동료나 친구에게 도움을 청하는 거다.
그들이 업무를 좀 나누어 맡을 수도 있을 테니까. 그들도 도울 수 있다는 사실을
기쁘게 생각할 수 있고, 도울 수 없다면 지금은 어렵다고 말해줄 것이다(현명한
사람이라면).

네덜란드 사람들은 이렇게 충고한다.

"Nee heb je, ja kun je krijgen."

(직역하면: "'노(no)'라고 하겠지만 '예스(yes)'라고 할 수도 있으니까요.") 의미인즉슨,
'물어봐서 손해 볼 건 없다'는 뜻.

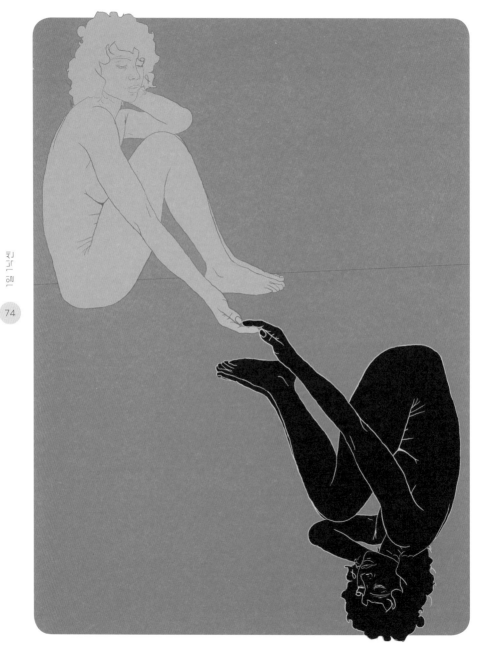

주눅 들지 말 것

당신이 아무것도 하지 않고 있는 걸 보고 누군가는 비꼬듯 말할 수도 있다. "아주 좋은 시간 보내고 있나 봐요?" 아예 대놓고 이렇게 묻기도 할 거다. "할 일이 그렇게 없어요?" 그래도 변명할 필요 없다. 그냥 솔직하게 쉬고 있다고 말하면 된다. 이유는? 그냥 그러고 싶으니까. 꼬인듯 말을 하는 사람들은 긴장을 풀고 쉴 줄 모르는 사람들이니까. 어쩌면 그들에게 이 책을 건네면서 닉센의 기술을 익히라 해도 좋겠다.

내가 내 편이 되어줄 것

나의 타임아웃을 위협하는 사람들이 꼭 남은 아니다. 때론 내 머릿속의 목소리가 더 문제다. 자유 시간에도 일과 다른 의무들을 머리에서 떨치지 못하겠다면? 먼저 핸드폰을 무음으로 바꾸고 알림음을 모두 끄고 주의를 딴 데로 돌린다. 정신을 압박하지 않고 이완하는 방법은 7장에서 살펴볼 것이다.

주위에도 타임아웃을 권할 것

내 주변의 사람들에게도 자기만의 타임아웃을 갖도록 격려함으로써 부정적인 기운의 접근을 차단한다. 닉센은 어쩌다 한 번 누리는 생소한 시간이 아니라 필수적이므로, 서로 존중할 문화라는 인식을 만드는 것이 좋다. 동료들이 제대로 된 점심시간을 누리도록 격려한다. 그래야 기운을 재충전할 수 있다. 집에서도 마찬가지다. 일이 늦게 끝나 귀가가 늦어지는 식구를 위해 먼저 온 이가 저녁 식사를 준비하면서 배우자나 아이들이 지치진 않았는지, 필요한 건 없는지 살핀다. 네덜란드식 관용, 휘넌gunnen에 대해서는 30쪽에 소개했다.

어디든
안식처

4장에서는 언제 닉센을 해야 하는지 살펴보았다.
5장에서는 '어디에서' 해야 하는지 알아보기로 한다.
가정에, 일터에, 휴가지에, 심지어 온라인에 닉센을 어떻게
불러들일지 생각해본다. 닉센의 안식처는 어떤 환경에서도
만들 수 있다. 중요한 것에 집중하고 다른 장애물들을
제거해보자.

집에서 닉센

내가 사는 집에서 아무것도 하지 않을 시간을 만들어내는 건 생각보다 쉽지
않다. 온갖 집안일과 일상의 잡일이 어렵게 확보한 '나만의 시간'을 삼켜버리기
때문이다. 때론 쉬는 시간이 부족한 것이 문제가 아니다. 우리가 제대로 시간을
쓰지 못하는 것이 문제다.

많은 사람들이 집에서도 사회와의 접속을 잘 끊지 못한다. 그리고 일요일 밤이
되면 이미 긴장해버린다. 다음 날 아침부터 다시 일해야 한다는 불편한 인식
탓이다. 우리는 시계와 할 일 목록에 너무 집착한 나머지 수많은 생각 속에서
허우적거린다. 그 생각들은 머릿속에 자릴 잡고 눌러앉아 무한대의 고리처럼
반복된다. 어쩌면 우리에겐 자유 시간이 더 필요한 게 아닐지도 모른다. 머릿속의
잡동사니들을 제거하고 좀 더 의식적으로 그 시간들을 잘 보내는 게 필요하다.

EXERCISE

좋은 아침 만들기

아침에 처음 눈을 떴을 때가 닉센을 하기에 아주 좋은 시간이다. 세상은 고요하고
반쯤 잠들어 있다. 눈동자를 깜빡거리며 눈을 뜨면 정신은 맑고, 머리는 아직 하루의
스트레스로 탁해지기 전이다. 가만히 앉아 창밖을 내다보자. 정신이 이리저리 떠돌게
놓아두고 천천히 숨을 들이마시고 내쉰다. 이 과정을 신성한 아침의 의식으로
만들어 보자. 다음 세 가지 금기 사항을 기억하면서.

①

눈을 감고 다시 자고 싶은 유혹에 넘어가지 말기

②

의식이 들자마자 핸드폰부터 집어 들지 말기

(가능하다면 핸드폰을 방 밖에 두어도 좋다.)

③

TV 리모컨을 집어 들거나 전자기기를 켜고
이메일, 소셜 미디어, 뉴스 확인하지 말기

머릿속 비우기

정신적인 공간이 부족하다는 것은 대화나 어떤 경험에 온전히 집중할 수 없음을 의미한다. 왜냐하면 당신의 머리는 이미 최대치를 발휘하며 가동 중이기 때문이다. 다음에 소개할 전략을 활용해 머릿속에 공간을 확보하고 집을 집답게, 휴식을 휴식답게 쓰기 시작하기로 한다. 세상으로부터 물러나, 모든 접속을 끊고, 회복을 할 수 있는 공간으로.

멘털 미니멀리즘^{Mental Minimalism}

때론 우리 머릿속이 인터넷 브라우저처럼 느껴질 때가 있다. 그것도 화면에 창을 너무 많이 띄워 놓아서 더 이상 새로운 창을 열 수 없는 포화 상태. 모든 걸 머리에 저장할 필요는 없다. 대신 적어보는 거다. 떠오른 생각이나 정보, 할 일, 링크를 앱이나 노트에 적는다.

타임아웃 시간이 수다스러운 내면 때문에 자꾸 방해를 받는다면 걱정거리나 고민을 적어본다. 일기는 무엇이든 완전히 솔직하게 털어놓을 수 있는 은밀한 공간처럼 이용한다. 종이에 글을 쓰는 행위는 마음속에 있던 것들을 내려놓는 데 도움이 된다. 시야를 확보해 거리를 두고 내 문제들을 바라볼 수 있고, 해결책까지 찾게 되기도 한다. 내가 해결할 수 있는 문제들이 무엇인지 점검하면서, 내 능력 밖의 일들은 지워버린다.

공간 정리하기

지나치게 자극을 받으면 뇌는 과로할 수밖에 없다. 계속해서 할 일이 있다는 신호를 받다 보면 정신이 산만해지고 우리의 타임아웃은 위태로워진다. 이럴 땐 아무것도 하지 않고 있을 만한 공간을 깨끗이 정리하는 것이 도움이 된다. 거실, 침실, 화장실 같은 공간에 꼭 필요한 물건들만 남기고 모두 치운다. 남아 있는 물건들은 필요할 때 쉽게 찾을 수 있도록 잘 정리해둔다.

네덜란드식 안식처 만들기

아직 아이들이 어리다면 식구들이 함께 쓰는 공간을 비우고 내 공간으로 정리하는 게 불가능해 보일 수 있다. 이런 경우엔 집의 딱 한 곳만이라도 닉센 공간으로 정하기로 한다. 만약 여유 공간이 없거나 안식을 위해 비울 공간이 없다면 창가 자리나 침실의 구석 자리라도 나만의 자리로 선언한다.

그 공간을 최대한 헤젤리허gezellig하게(친근한 분위기로) 만든다(22쪽 참조). 안락한 의자를 가져다 놓거나 싱그러운 꽃다발 하나로 집 안에 자연을 불러들인다. 핸드폰 전원을 끄는 건 필수. 노 – 걱정 – 존을 만드는 비결은 나만의 공간에 쓸데없는 잡동사니를 쌓아두지 않는 것! 이곳은 나의 안식처, 내가 안전하게 내면으로 침잠해서 나를 돌아볼 수 있는 공간. 신선한 공기와 햇빛이 들어와 정신이 맑아진다.

직장과 선긋기

기술적으로 우리가 언제 어디에서나 연락이 가능하다는 사실은 언제 어디에서나
연락이 되길 바라는 기대감으로 이어졌다. 거기에다 요즘은 어느 때보다도 직업
— '열정'과 마찬가지로 — 으로 사람을 판단하는 성향이 심하다. 공적인 삶과
사적인 삶 사이의 경계도 너무나 불분명해져 버렸다. 희생되는 것은 개인의
휴식과 재충전의 시간이다.

우리 몸을 복제할 수도 없고 하루 24시간에 몇 시간을 더 보탤 수도 없다. 그러나
우리가 가진 자원을 좀 더 현명하게 쓰는 것은 가능하다. 여기에서 마법의
단어는 바로 '경계'. 사무 공간과 나 사이에 물리적 거리를 만들고, 할 수 있는
일과 할 수 없는 일을 단호하게 구별하는 것. 나를 우선으로 하는 삶을 위해
닉센을 우선순위에 두기로 한다. 누구로부터도 방해받지 않고 닉센으로 보내는
시간이 너무 짧은 건 아닌지 의문스러울 수도 있다. 그러나 핵심은 나의 의무들과
타임아웃 사이에 완충지대를 쌓아 올려 유지하는 것이다.

다음에 소개하는 '할 것'과 '하지 말 것'들은 공적인 삶과 사적인 삶 사이에 좀
더 넓은 경계의 공간을 만드는 데 도움이 된다. 그 과정에서 아무것도 하지 않을
기회가 더 많이 생기는 것은 기분 좋은 덤!

절대 하지 마세요

- 한 주에 일 관련 약속을 넘치게 잡지 말 것. 어떤 미팅에 참석할지 잘 선별한다. 이 미팅이 내게 정말 필요한 것일까? 아니면 내 일과 관련 있는 시간에만 참여해도 될까?

- 쉬지 않고 두 시간 이상 컴퓨터 앞에 앉아 있지 말 것.

- 꼭 필요하지 않으면서 멀티태스킹하지 말 것. 일을 할 때든, 아이들과 시간을 보낼 때든, 아무것도 하지 않을 때든 그 순간에만 집중한다.

- 휴가에 노트북 컴퓨터를 들고 가지 말 것.

- 금요일 밤, 동료가 한잔하자고 할 때 피곤해 집에 가고 싶으면 따라가지 말 것. 나 자신을 돌본다고 욕할 사람은 아무도 없다.

- 근무 시간이 아닐 때 고객이 문자나 전화에 즉각적인 대답을 기대하게 하지 말 것.

- 한 시간 안에 이메일에 답장을 해야 한다는 압박을 받지 말 것. 급한 용건이면 전화가 올 테니까.

이렇게 하세요

- 하루 중에 이메일 확인할 시간을 따로 정해둘 것. 그 외의 시간에는 이메일을 아예 열지 말고 주말이나 휴가 기간에는 '부재중' 회신 자동 발송을 설정해둔다.

- 저녁 시간이나 주말에 전화를 받고 싶지 않다면 고객과 동료들에게 미리 알릴 것.

- 화상 회의를 잡을 땐 온라인 콘퍼런스 서비스를 이용할 것. 미리 준비할 수 있도록 미팅 24시간 전에 사전 알림을 받을 수 있도록 한다.

- 일터에서 벗어나 점심을 먹을 것. 근처 공원이나 다른 조용한 장소에 가서 점심을 먹는다. 혼자 있고 싶을 땐 그렇다고 동료에게 솔직히 말한다.

- 집에 있을 때나 주말에는 사무용 핸드폰을 꺼둘 것. 집 전화기만 사용한다(이 번호는 직장 동료와는 공유하지 않는다).

- 집 안에서 한 공간만 사무용 공간으로 지정할 것. 업무 관련 물건들은 이 공간 안에서만 사용한다.

- 집중해야 할 때 집중 가능한 환경으로 만들 것. 노이즈 캔슬링 이어폰을 사용하고 핸드폰은 비행기 모드로 바꾼다.

점심시간 최대 활용법

할 일이 많이 쌓여 있다고 점심시간을 거르는 것은 절대로 좋은 선택이 아니다.
종일 집중력을 유지하고 생산성을 높이기 위해선 한 시간 정도 속도를 늦추고
제대로 쉴 수 있어야 한다. 지금부터 점심시간을 하루의 가장 편안한 시간으로
만드는 데 도움이 될 만한 방법을 소개하려고 한다. 점심에 투자한 시간만큼
오후에 돌려받을 수 있음을 기억할 것.

- 막간 명상이나 긴장을 풀어주는 체조를 통해 몸과 마음을 리셋해볼까. 이 분야의
  초심자라면 124쪽의 긴장 완화 연습을 시도해본다. 긴장이 풀렸다고 느끼면 최소한
  30분간 아무것도 하지 않는다. 업무와 관련된 것 외에는 아무거나 생각해도 괜찮다.
  이 시간은 내가 당당히 써도 되는 시간이니까.

- 편안한 속도로 산책한다. 산책은 두뇌 활동과 기분을 끌어올린다는 연구 결과가 있다.
  오후에 중요한 미팅이 잡혀 있다면 특히 도움이 될 것이다.

- 직장이 숲이나 공원과 가까운 행운을 누리고 있다면 잔디 위나 벤치에 앉아 자연이
  주는 위안을 음미하며 점심시간을 보낸다. 햇살이 어떻게 나뭇잎 사이를 통과해
  들어오는지 지켜보고, 숲의 신선한 공기를 들이마신다. 두 눈을 감고 새의 노랫소리와
  나뭇잎 바스락거리는 소리를 듣는다. 단 30분간의 삼림욕이라도 우리의 생리적,
  정신적, 정서적 웰빙에 도움이 된다.

- 직장 근처에 초록빛 자연이 없다면 업무 장소에서 최대한 떨어진, 평화로운 공간을
  찾아 타임아웃을 누린다.

생산성과 닉센

만약 당신이나 상사가 이런 자유 시간이 생산성을 떨어뜨릴 거라 염려한다면
이 얘기를 해주고 싶다. 더 짧은 근무 시간에 대한 모의 테스트 결과, 병가 신청
횟수가 줄었고 생산성에 역효과를 주는 일도 없었다는 내용에 대해서. 오히려
더 적은 시간 동안 근무한 사람들이 효율성의 측면에서 앞섰고, 일의 우선순위
선정에도 더 유능했다. 그들은 더 쉬면서, 긴장 완화의 기회도 더 많이 누리면서
같은 목표치를 달성했다. 이런 결과는 평일 여덟 시간 근무 외에 사람이 정말로
생산적일 수 있는 시간은 일반적으로 세 시간 정도밖에 안 된다는 다른 연구와
일맥상통한다.

포모도로 테크닉

내가 큰 프로젝트를 맡았을 때 집중력과 생산성 유지를 위해 도움받는 방법이 있다. 바로 포모도로 테크닉이란 것인데, 이는 이탈리아의 시간 관리 전문가 프란체스코 시릴로에 의해 개발된 시간 관리법이다.

①

오늘 마무리해야 할 일을 선택한다.

②

요리용 주방 타이머나 핸드폰 타이머에 25분을 설정한다. (시릴로는 토마토 모양의 타이머를 썼고, 그래서 이탈리아어로 토마토인 '포모도로' 테크닉이란 이름이 붙었다.)

③

타이머 알람이 울릴 때까지 계속 일에 집중한다.

④

5분간 휴식. 그 5분 동안은 무엇이든 하고 싶은 걸 한다. 다만 일과 관련 없는 일로.

⑤

포모도로를 네 번 하고 난 다음엔 좀 더 긴 휴식 시간을 갖는다. 20~30분 정도.

내가 이 시간 관리법을 좋아하는 이유는 25분이란 시간이 생산성을 높일 수 있을 정도로 충분히 길면서도 집중력을 잃지 않을 만큼 짧기 때문이다. 그리고 언제나 쉴 수 있는 시간이 아주 가까이에 있다는 희망이 있으니까!

개구리부터 먹어치우기

종일 바쁘게 지냈는데도 중요한 일을 하나도 끝내지 못했다면?
'개구리부터 먹어치우기'를 시도해보자.
자기 계발 분야 작가인 브라이언 트레이시의 이 시간 관리법은
마크 트웨인의 글에서 영감을 받아 만들어졌다.

"만약 개구리를 먹는 것이 당신의 할 일이라면,
아침에 일어나자마자 제일 먼저 해치우는 게 좋다.
개구리를 두 마리 먹어야 한다면
더 큰 것부터 먹어치우자."

①

나의 개구리는 뭘까?

할 일 목록에서 하기 싫지만 꼭 해야 할 일이 무엇인지 찾는다.

그 일은 미루면 미룰수록 마음을 짓누르기 시작하며 스트레스와 압박을 준다.

②

개구리 먹기

너무 많이 생각하지 말고 그냥 바로 시작한다.

그리고 끝날 때까지 멈추지 않는다.

③

미루지 말기

그 일을 아침에 제일 먼저 한다.

사무실이 아직 조용하고, 내 정신은 맑고, 의지가 아직 꺾이지 않은 시간에.

④

개구리가 두 마리 이상일 때

중요한 할 일이 두 가지 이상 있을 땐 가장 큰 일부터 시작한다.

골칫거리였던 일을 끝냈을 땐 만족감도 크다.

그렇게 탄력을 받아 더 많은 일을 끝낼 수 있다. 그러나 일할 시간을 정해두고 할 것!

더 현명하게 일하려는 것이지 더 많이 일하려는 것이 아니기 때문이다.

일과 일 사이에는 휴식 시간을 갖는다.

상쾌한 정신으로 집중력을 유지하기 위해서.

마침내 휴가

마침내, 그날이 왔다. 모든 준비가 끝났다.

수영장과 스파가 딸린 멋진 호텔을 일주일이나 예약해두었다. 지금까지 보내본 휴가 중에서 가장 여유로운 날들이 될 것 같다. 며칠간 책과 함께 종일 먹고, 빈둥거리며 지낼 생각이다. 그런데 막상 도착하면 바로 긴장을 풀고 쉬는 게 쉽지 않다는 걸 깨닫게 된다.

일주일의 휴가 중에서 실질적으로 완전히 느긋하게 쉴 수 있는 날은 2~3일밖에 안 되는 경우도 많다. 완전히 긴장을 푸는 데까지 사흘씩 걸리기도 하고, 일주일이 다 끝나기도 전에 집에 돌아가서 할 일들이 떠오르기 때문이다.

그런 이유로 네덜란드는 많은 기업이 직원들에게 매년 최소한 2주짜리 휴가 주기를 의무화하고 있다.

누구나 2주씩 쉴 수 있는 상황은 아니겠지만 다음의 제안들은 최대한 빨리 휴식 모드로 직행하는 데 도움이 된다.

떠나기 전, 대충 하기

휴가를 떠나기 전에 이메일을 모두 비우고, 자리를 비운 동안 동료가 해줘야
할 일을 세 번씩 확인하면서 식기세척기 안처럼 싹 비워야 한다고 생각하는가?
그렇다면 일주일만 있으면 돌아온다는 사실을 기억하자. 할 수 있는 일만 하고,
마음 편히 늘어져도 좋다. goed is goed(괜찮은 정도면 충분하다)!

두고 온 생활 끊기

핸드폰과 노트북을 가져가고 싶다면 이메일 앱과 소셜 미디어 앱은 잠시
삭제한다. 그러면 집에 두고 온 삶을 확인하고 싶은 유혹을 뿌리치고, 현재의
휴식에 더 집중할 수 있다.

휴가를 방해하는 뇌

휴가를 보내면서도 우리의 뇌는 쉬는 시간을 방해하려는 경향이 있다. 아직도
일하는 모드이기 때문이다. 그래서 매일 뇌를 이완하는 훈련이 중요하다.
네덜란드의 신경학자 에릭 셰더 박사는 휴가는 일에서 받는 스트레스의 일시적인
해결책일 뿐, 근본적인 해결책이 될 수 없다고 말한다. 일상에서 규칙적으로 휴식
시간을 가지며 스트레스를 관리하는 방법을 찾는 것이 훨씬 더 효과적이라는 것.
매일 타임아웃을 갖도록 한다. 휴가 때도 예외는 아니다.

정신 딴 데 팔기

계속 이런저런 생각들로부터 벗어날 수 없다면, 몸을 움직이는 간단한 활동을 해본다. 고풍스러운 마을을 돌아다닌다거나 스케치나 낙서하기, 스노클링처럼 주의가 필요하지만 특별한 기술은 필요 없는 활동을 추천한다.

캠핑

네덜란드 사람들은 캠핑의 열렬한 팬이다. 규모는 아담하지만 1000곳이 넘는 캠핑장이 네덜란드에는 있다. 사람들은 그곳에서 닉센으로 시간을 보낸다. 캠핑은 집에서의 안락함과 사치스러움 없이 기본으로 돌아가는 활동이다.

캠핑장에는 넷플릭스나 와이파이, 식기세척기나 게임 콘솔이 없다. 그러나 운이 좋으면 밤하늘 가득한 별들, 자연의 신선한 내음과 아름다운 소리를 즐길 수 있다. 캠핑장에서 해야 할 일이란 고작 먹고, 자고, 설거지하는 정도다. 약속도 없고, 가야 할 곳도 없다. 자연을 즐기고, 책을 읽고, 공상에 잠길 시간만 끝없이 펼쳐질 뿐. 그곳에선 그저 가만히 있으면 된다.

굿바이 SNS

보통 한 사람이 스마트폰을 하루에 2~4시간 사용한다고 한다. 많은 사람들이 그 시간을 줄이길 원하지만 핸드폰에서 손 떼기가 쉽지는 않다. 넋 놓고 인스타그램을 보고, 페이스북에 누군가가 공유한 기사를 읽고, 무의식적으로 트위터를 하염없이 스크롤한다. 그러다 어떤 메시지 알림에 정신이 들어 잠깐 그만둔다.

스마트폰에 쏟는 시간을 줄이고 싶다면 핸드폰 배경 화면을 흑백으로 바꾸고, 소셜 미디어 알림음을 꺼두면 도움이 된다. 무엇보다 스스로 통제력을 키우는 편이 더 좋다. 끊임없이 핸드폰을 확인해야 한다는 강박관념에서 벗어나 여유로운 시간을 편안히 즐기는 거다. 잠시라도 산만해지지 않고, 방해받지 않고 아무 연락이 닿지 않는 시간의 즐거움을 누려보시길.

실천 가능한 디지털 다이어트

온라인 삶을 갑자기 완전히 차단하는 디지털 다이어트보다는 지속 가능한 작은 변화들을 만들어나가는 편이 더 좋다. 스마트폰을 보는 시간, 뇌로 흘러 들어가는 정보의 양을 줄이면 닉센을 위한 시간과 뇌의 공간이 더 많이 생긴다. 출퇴근 시간, 치과 진료를 기다리는 시간처럼 그냥 날리기 쉬운 시간에 메시지나 톡을 주고받는 것을 자제하고, 온라인에서 보내는 시간에 상한선을 정해두기로 한다.

- 어떤 카톡방이 내 시간을 낭비하는지 선별하고 작별을 고한다. 나머지 그룹 채팅방은 음 소거한다. 때로는 직접 전화 통화하는 것이 일 처리도 빠르고 정신적 부담도 적다.

- 스마트폰에서 소셜 미디어와 스트리밍 앱을 삭제한다. 계정은 유지하되 컴퓨터 브라우저를 통해서만 접속할 수 있도록 한다.

- 아날로그 모드로 전환해서 '느리게 읽기'를 시도한다. 종이 신문이나 잡지, 전자책 대신 종이책을 읽는다.

- 저녁에는 알림음과 전화벨이 울리지 않도록 '방해 금지' 옵션을 활용한다. 배경 화면도 심플하게 정리한다.

- 나와 관련도 없고 정신적 건강에도 도움이 되지 않는 뉴스 앱, 블로그를 삭제한다.

- 일에 집중할 때 핸드폰으로부터 방해받지 않도록 도와주는 앱을 찾아 활용한다. 사용 시간을 제한하고 인터넷 브라우저를 차단하는 앱이 도움이 된다.

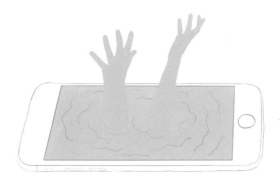

(EXERCISE)

SNS 중독자에게

인스타그램이나 다른 소셜 미디어 플랫폼을 사용할 때
내가 쓰는 시간을 추적 관찰하고 스스로에게 질문을 던진다.

여기에 나의 시간을 쓸 가치가 있을까?

내가 투자한 시간만큼 충분한 것을 돌려받고 있을까?

내 시간을 가치 있게 쓸 수 있는 다른 무언가가 있을까?

가장 간단한 해결책은 소셜 미디어를 보고 메시지에 답하는 시간을 정해두는 거다.
종일 화면을 터치하는 것보단 그 편이 훨씬 낫다.

나를 위한
닉센

때로는 하루 스물네 시간 중에 나를 위해 쓸 수 있는
시간이 충분하지 않은 듯 느껴진다.
바쁜 일, 아이들, 가족, 친구, 반려동물까지,
늘 나보다 먼저 챙겨야 할 것들이 생긴다.
6장에서는 모두가 닉센을 누릴 수 있는 방법을 찾아본다.

내 마음의 평화를 위하여

친구들과 시간을 보내면 재미있기도 하고 삶의 근심이 잠시 잊히기도 한다.
그러나 오감을 일깨우는 좀 더 깊이 있는 시간을 원한다면 혼자 보내는 편이
더 낫다. 이유는 단순하다. 다른 사람과 같이 있을 땐 나의 내면에 집중하기
어렵기 때문이다. 다음에 소개하는 조언과 활동은 여러분이 마음의 평화를 찾고
혼자만의 알찬 시간을 보내는 데 도움이 될 것이다.

혼자 남겨진다는 두려움에 맞서기

친구들이 불금에 노는데 나만 혼자 집에 있다고 내 삶이 지루한 것은 아니다.
나의 선택으로 집에 혼자 있다고 해도 자꾸 신경 쓰이는 것은 혼남두(혼자
남을지도 모른다는 두려움) 때문이다. 결국 집에서 안절부절못하며 친구들이 소셜
미디어에 올린, 세상에서 제일 행복하고 아름다워 보이는 사진들을 집요하게
넘겨 보게 된다. 그렇게 나만의 편안한 시간은 날아가 버린다.

당연히, 그렇게 시간을 보내지 않아도 된다. 나만 뭔가 놓치고 있는 건 아닌지
불안해하며 시간을 낭비하진 말자, 이제는.

● 남들은 최고 모습만 보여줄 뿐 최악의 상황은 보여주지 않는다는 걸 기억할 것! 우리가
   보는 남들의 셀카가 그 모임의 실상을 보여주지 않는다.

● 모든 모임에 다 참석하는 것은 불가능하다는 걸 받아들인다. 나는 오늘 다른 걸
   하겠다고 결정했을 뿐이다. 바로 아무것도 하지 않는 것!

$$\boxed{\text{EXERCISE}}$$

안전 담요

친구들과의 점심 모임에 나갈 경제적 여유가 없거나 저녁에 외출해서
사람들을 만날 기운이 없다면? 집에 있는 시간을 정말 값진 시간으로 만들어보자.
혼자 집에 있는 시간이 불안하게 느껴질 것 같다면
일단 핸드폰을 다른 방에 갖다 놓거나 서랍 속에 넣어 눈에 띄지 않게 한다.
그리고 자신에게 위안이 되는 무언가를 선물한다. 손을 사용할 수 있는 것이 좋다.
책 또는 따뜻한 차 한 잔에 집중하며 호흡의 속도를 늦추고 긴장을 푼다.
곧 혼남즐(혼자 남겨지는 즐거움)의 시간이 시작된다.

이제는 잘 알겠지만, 닉센을 위해선 먼저 머릿속을 비워야 한다.
가장 쉬운 방법은 자꾸 정신을 분산시키는 잡념들을 떨쳐내고
온전히 단순한 즐거움에 빠져드는 거다.

불안을 줄이고 닉센을 즐길 수 있는 활동은 7장에서 더 알아보기로 한다.

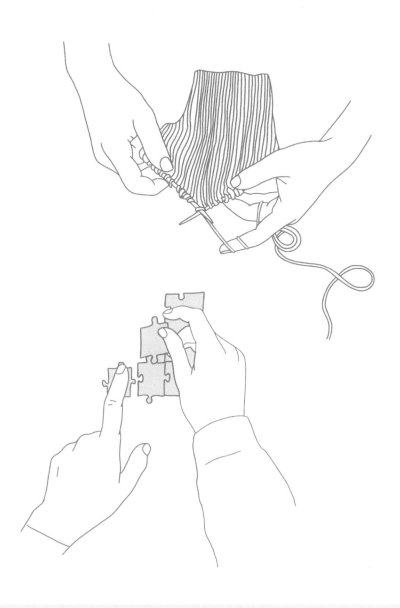

사람 구경

네덜란드 사람들은 사람 구경을 아주 좋아한다.
봄이 오고, 햇빛이 밝게 빛나면 사람들은 집 밖으로 나온다.
그리고 거리에 아무렇게나 놓여 있는 테라스 의자에 모여 앉는다.
혼자 있지 않으면서도 혼자 즐겁게 시간을 보낼 수 있는 시간이다.

테라스나 동네 공원의 벤치에 자리 잡고 앉아 지나가는 사람들을 구경한다.
예쁜 외투, 누군가의 헤어 스타일, 어떤 이의 표정이 눈길을 사로잡을지도 모른다.
보이는 것 말고는 그 사람들에 대해 아는 것이 전혀 없지만
그들에 대한 상상의 나래를 펼칠 수 있다.

그들은 행복할까, 슬플까? 스트레스에 시달릴까, 편안한 상태일까?
재미있는 사람일까, 지루한 사람일까? 내가 유추한 상황에 대한
이유들이 떠오르기 시작한다면 재미있는 상상을 즐기면 된다. 사람들에 대한
이야기 조각들을 만들어가면서.

나의 상상이 정확해야 할까? 전혀.
나만의 이야기를 만들어내는 과정이 창의적 사고를 자극한다.

품위를 지켜야 할까? 물론.
사람들을 따라가거나 빤히 쳐다보지는 않는다.
이 시간은 나를 위한 품위 있는 시간임을 기억한다.

EXERCISE

아티스트 데이트

집중하지 않고 단순한 활동을 하며
몽상에 빠지는 시간에 창의력이 길러진다. 줄리아
카메론이 쓴 『아티스트 웨이』에는 독자들에게
매주 '아티스트 데이트' 시간을 가지라고 한다.

아티스트 데이트란, 창의력을 일깨우는 무언가를 하며 혼자 보내는 시간이다.
밖에 나가 산책을 하거나 소파에 누워 몽상에 빠지는 단순한 행위도 괜찮다.
다만 혼자서, 무언가를 하며 보내는 경험에 영향을 받는 것이 중요하다.

혼자 보내는 시간은 막힌 사고를 뚫어주고 창의력을 샘솟게 해주고
세상을 보는 새로운 시선을 갖는 데 꼭 필요하다고 카메론은 말한다.

바람 쐬기

스트레스가 심하거나 화가 날 때, 축 처질 땐 그냥 집에 있어도
기분이 나아지지 않는다. 그럴 땐 신선한 공기를 마실 필요가 있다.
바로 아웃트바이언이 필요할 때다. 아웃트바이언이란 바람이 살랑살랑 불 때
밖으로 나가 기분 전환을 하고 머리를 맑게 하는 것이다.

공원으로, 초록이 있는 곳으로, 바다로 나가 자연과 만나보자.

두 볼을 어루만지며 스쳐 지나가는 바람을 느껴보고,
갑자기 비라도 내리면 물웅덩이를 사뿐 밟아보자.

절실했던 마음의 리셋이 가능해진다.

네덜란드 부모들의 비결

가족, 일, 그리고 나만의 휴식 시간 사이에서 늘 균형을 잘 잡고 산다는 게 쉬운 일은 아니다. 업무를 잘 해내고 싶지만, 동시에 자녀들에게도 관심을 갖고 시간을 쏟아야 하고, 집안일도 해야 하고 배우자도 챙겨야 한다. 이 모든 걸 다 해내려다 보면 우리에게도 쉴 시간이 필요하다는 걸 자꾸만 잊게 된다.

나만의 쉬는 시간이 필요하다고 느끼는 사람이라면 네덜란드 부모들의 비결이 궁금하지 않을까.

근무 시간 조율하기

네덜란드 사람들은 세계에서 근무 시간이 가장 짧은 사람들이다. 그리고 탄력적인 근무 시간은 사치가 아닌 기본적인 권리로 여겨진다. 육아를 병행하는 부모들에게는 특히 그렇다. 아이가 생기면 많은 여성들이 근무 시간 단축을 커리어의 퇴보가 아닌 라이프스타일의 선택이라 생각한다. 네덜란드 남자들도 아빠가 되면 일주일에 나흘만 근무하기 위해 노력한다. 그러면 주중에 적어도 하루는 아이들을 돌볼 수 있게 된다. 이 하루는 사랑스럽게도 파파다흐papadag라고 불리는데, '아빠의 날'이란 뜻이다.

엄마와 아빠 모두가 아이와 시간을 보낼 수 있다는 것은 자기 자신을 위한
시간을 갖는 것만큼이나 가족의 삶에 서로 좋은 영향을 준다. 네덜란드 아이들이
세계에서 가장 행복한 어린이로 꼽힌 요인이었을 것이다(118쪽 참조).

상사와 함께 탄력적인 근무 시간의 옵션에 대해 상의해보는 것은 어떨까?
주 4일 근무가 가능할지, 아니면 재택근무나 일일 근무 시간 단축이 가능할지.
배우자와 육아 분담이 가능한 근무 방법을 찾기 위해 애쓰는 것 역시 중요하다.

현실적인 부모 되기

미국이나 영국 부모들에 비해 네덜란드 부모들은 부모라는 역할에 대한 시각이
현실적이다. 그러니 자연히 본인들의 부족한 점에 대해서도 더 관대할 수 있다.
어쩌면 네덜란드 사람들이 타고난 현실적인 천성 때문일지는 모르겠지만 어쨌든
네덜란드 엄마가 아이와 보내는 시간이 적다고 죄책감을 토로하는 모습은 보기
어렵다. 네덜란드 엄마는 엄마의 역할과 일뿐만 아니라 자기 자신을 위한 시간도
중요하다는 걸 잘 알고 있다. 부모가 행복하고 편안해야 아이도 행복하게 키울 수
있으니까.

한 사람이 동시에 모든 곳에 존재할 수 없다는 사실을 인정해야 한다. 때로는
직장에 신경을 써야 할 시간도 있고, 가족에게 집중해야 할 시기도 있다. 그저
있는 자리에서 최선을 다할 뿐. 그것으로 충분하다.

현명한 시간 배분법

- **자신을 몰아붙이지 말기**

  빨래를 개거나 다림질할 시간이 없으면 빨랫줄에 그냥 놔둬도 괜찮다. 어떤 일은 두었다가 주말에 해도 된다.

- **도움을 거절하지 말기**

  경제적 여유가 있다면 아이를 봐주거나 살림을 해줄 사람을 고용한다. 부모님이 도움을 주시겠다고 하면 받는다.

- **서로 돕기**

  배우자와 함께 한 팀으로 움직이는 루틴을 짜면 두 사람 모두 여유가 생긴다. 예를 들면, 평일에 한 사람이 아이를 돌보고 한 사람은 저녁을 준비하는 식으로.

- **선 긋기**

  크리스마스 연극 의상을 만들 시간이나 여름 바자회를 위해 쿠키를 구울 시간이 없다면, 그렇다고 솔직히 말한다.

- **출퇴근 시간을 나를 위한 시간으로**

  사무실이 걸어갈 만큼 가깝다면? 좀 더 일찍 출발해서 여유를 만끽한다.

- **아이들보다 먼저 일어나기**

  아침에 나만의 20분을 갖는다. 커피를 음미하고, 신문을 보며 하루를 준비한다.

- **아무것도 하지 않을 시간 만들기**

  일주일에 하루는 배우자에게 아이들을 데리고 외출해달라고 부탁하고 집에 혼자 머문다. 의무가 아닌, 하고 싶은 일을 한다. 온전히 당신의 시간이다.

아이들을 위한 나라

세계보건기구^{WHO}(2010), 유니세프(2007, 2013), 경제협력개발기구^{OECD}(2015) 조사 결과를 살펴보면 네덜란드에서 어린 시절을 보내는 아이들의 장점이 일관되게 나타난다. HBSC(세계 취학아동 건강과 행동 발달 조사기구)의 최근 연구(2020)에 따르면 네덜란드의 15세 아동들은 엄마, 아빠에게 서로 힘이 되어주는 열린 관계를 유지하고 있다고 한다. 또한 정신 건강 문제나 소셜 미디어 남용, 집단 괴롭힘 문제도 덜 겪는 것으로 나타났다. 그렇다면 아이들이 이렇게 만족스럽게 살아가는 이유는 뭘까? 어른뿐만 아니라 아이에게도 닉센이 중요하다고 생각하며 살아가기 때문이다.

친구 같은 아빠

주말이 편안한 아이들

영국이나 미국에서는 아이들이 주말 내내 바쁜 것이 일반적이다. 우선 숙제를
해야 하고, 축구 훈련, 수영 레슨, 피아노 리사이틀, 그리고 일주일에 한 번씩은
일본어 수업을 위해 차에 실려 다니기 바쁘다. 이 모든 게 다 내 아이가 더
유리한 출발을 하길 바라는 마음 탓이다.

네덜란드의 부모들은 좀 더 느긋하고 태평한 부모 역할을 고수한다. 네덜란드
아이들은 밖에 나가 놀라는 말을 자주 듣는다. 맑은 날이건 비 오는 날이건
부모의 감독 없이 자전거를 타고 학교에 가고, 꽉 짜인 스케줄로 움직이지 않아
스트레스도 덜하다. 사실 네덜란드에서는 아이들 스스로 생각하는 능력이 없다는
듯, 매분 매초 지켜봐야 하는 연약한 존재로 취급하는 과보호 행위를 탐탁잖게
생각한다. 기본적으로 부모들은 아이가 더 많은 순간을 닉센하도록 돕는다.

내 자식이 최고이지만

네덜란드의 육아 방식이 훗날 아이의 사회적 성공으로 이어질지 의문이 들 수도 있다. 사실 네덜란드 부모들도 자기 자식에 대한 포부가 남다르다. 단지 행복과 사회성 발달을 재능 계발이나 학업 성취보다 더 중요한 것으로 생각할 뿐이다.

네덜란드 사람들은 행복하고 장난기 많은 아이가 독립적이고, 사회성 좋은 어른으로 성장하며, 결국에는 더 성공할 가능성이 크다고 믿는다. 부모들은 자신이 '유익하다'고 생각하는 특별한 취미나 기술을 억지로 배우라고 강요하지 않는다. 아이가 피아노 레슨을 받는 대신 친구들과 축구하길 원한다면, 그래도 괜찮은 거다. 네덜란드 아이들은 미국이나 영국의 또래들보다 숙제도 적다(따라서 자유 시간은 더 많다).• 끊임없이 아이를 가르치거나 함께 놀아주어야 한다고 느낀다면 기억하라. 아이들이 창의력을 발휘하며 혼자만의 시간을 즐기는 건 바로, 지루한 순간이라는 것을.

숫자가 이 모든 것을 증명한다. 네덜란드 통계청의 2015년 조사에 따르면 네덜란드의 12~18세 94퍼센트가 자신의 삶에 만족하고 행복감을 느낀다고 했다. OECD의 2018년 연구 역시 11~15세의 93퍼센트가 세계 평균보다 높은 삶의 만족도를 보였다.

• '취학아동 건강과 행동 발달' 연구(HBSC/WHO)에 따르면 네덜란드 아이들은 영국(15퍼센트)이나 미국(18퍼센트)에 비해 학교에서 받는 스트레스(5퍼센트)가 적다.

좋은 본보기 되기

아이에게 좋은 모습을 보이기 위해 나의 일정에서 한두 가지를 덜어내면 어떨까?
아이에게 휴식이 중요하다고 말해놓고 목 날아간 닭처럼 미친 듯 뛰어다니며
말과 달리 행동하지 말자! 타임아웃을 통해 스스로를 돌보는 본보기를 보이도록
한다. 아이가 무엇을 할 때 가장 즐거운지 함께 이야기 나누어보고 제일 흥미
없는 활동은 그만두거나 연기할 수 있는지 점검하는 시간을 갖는다. 그렇게
생긴 시간에 의미 있는 활동을 해본다. 단둘이서 책을 읽거나 산책을 해도 좋다.
본인이 즐거운 일을 하도록 가르쳐서 나쁠 건 없다. 지루한 시간에서도 아이들은
많은 걸 배운다.

쉼의 효과

네덜란드 아기들은 잠을 많이 잔다는 조사 결과가 있다. 뿐만 아니라 2015년
『발달심리학에 관한 유럽 저널European Journal of Developmental Psychology』에 따르면 미국의
또래들과 비교했을 때 네덜란드 영유아들은 더 달래기도 쉬운 것으로 나타났다.
반면 태어난 첫해의 후반 6개월 동안은 미국 영유아들이 더 활동적이고, 더
자신의 목소리를 잘 낸다고 한다. 이런 결과는 부모들의 문화적 차이 때문이라는
게 연구원들의 의견이다. 미국의 부모들은 자극의 중요성을 강조하며 독립적
성향을 키워주기 위해 아이들을 다양한 새로운 환경에 노출한다. 반면에
네덜란드 부모들은 아이들을 데리고 집에서 이런저런 활동을 한다. 휴식,
규칙적인 생활, 닉센이 더 중요하기 때문이다.

EXERCISE

함께 이 닦기

나를 돌보는 루틴, 이 닦기를 누군가와 함께 한다면 어떨까.
두 사람 모두 평화로운 순간을 경험할 수 있다.

모두의 일상인 이 닦기는 잠자리에 들 준비이면서,
긴장을 푸는 의식이기도 하다.

닉센이
머무는 정신

축하한다! 이제 당신은 닉센이 가득한
삶으로 접어들었다.
우선순위를 정하는 법, 빡빡한 일정에서
자유 시간을 쪼개내는 법, 일터에서도 닉센의 순간들을
더 현명하게 끌어가는 법을 익혔다.
마지막 7장에서는 아무것도 하지 않는 습관을
성공적으로 유지하는 법을 알아보기로 한다.

닉센을 위한 시도들

비로소 시간을 정해 아무것도 하지 않을 자유를 누리게 되었다 해도 처음에는
어색할 수 있다. 늘 무언가를 하는 것에 익숙하면 불안할 수도 있다. 처음에는
짧게 몇 분으로 시작해서 하루에 한 시간 이상으로 닉센의 시간을 늘려간다.
어색함의 문턱을 넘기 위해 다음 몇 가지를 시도해본다.

긴장 풀기 연습

걷잡을 수 없는 생각들에 계속 끌려다니며 제대로 쉬지 못하겠다면 몸을
움직이면서 긴장을 풀어주면서 정신을 분산시킬 수 있다. 동네 산책을 해도 좋고,
요가나 태극권, 근육 이완 운동 같은 '움직이는 명상'의 형태를 시도해보도록.

수동적인 긴장 풀기 연습

몸을 긴장 이완 모드로 바꿔 듣고, 만지고, 보는 현재 활동에 집중한다. 우리의
감각은 더 깊은 휴식으로 들어갈 수 있는 좋은 도구다. 보디 스캔(다음 쪽
참조), 마사지 받기, 클래식 음악 듣기, 호흡을 시각화하기(55쪽 참조) 같은 것을
시도해본다. 나무의 나뭇잎들이 흔들리는 모습이나 구름이 둥둥 떠가는 모습을
지켜보며 정신이 방랑하도록 둬라.

EXERCISE

보디 스캔

지금 소개하려고 하는 것은 바쁜 하루를 보낸 후, 닉센의 상태로 쉴 수 있는 대표적인
방법이다. 닉센의 상태가 되는 것뿐만 아니라 몸이 나 자신에게 보내는 메시지를
인식하는 데도 도움이 된다. 보디 스캔을 익혀 일과 휴식의 시간을 연결해주는
다리로 활용해보자. 마음이 편안하고 정신이 고요하면 훨씬 수월하게 닉센의
순간으로 빠져들 수 있다.

좀 더 활동적인 방법을 원한다면 걸으면서 해도 괜찮지만
다음의 단계들은 '누워서 하기'에 초점을 맞추고 있다.

STEP ①   야외에 조용한 장소를 찾는다. 주변의 소리, 향, 감촉이 당신을 깨어 있게
할 것이다. 얼굴을 어루만지고 지나가는 바람, 새로 깎은 잔디의 내음 같은
것들.

STEP ②   배 위에 두 손을 가만히 올려놓고 호흡에 집중한다. 신선한 공기가
몸속으로 들어오는 모습을 그려본다.

STEP ③   호흡이 차분해지고 편안해지면 의식의 흐름을 머리에서 출발해 두 발에
이를 때까지 몸의 부분 부분을 훑으며 내려간다. 움직일 필요는 없다.

STEP ④   감정이나 생각에 정신이 분산될 때마다 의식을 가만히 몸으로 향하게
한다.

STEP ⑤   의식의 흐름을 발목에 집중한 뒤 천천히 종아리로 올라간다. 그다음에는
무릎, 이런 식으로 얼굴까지 차례로 올라가도록 한다.

아름다움 찾기

긴장이 완전히 풀린 편안한 상태에선 창의력도 꿈틀대기 시작한다.
그런 상태에 도달하고 싶다면 정신이 마음껏 방랑하도록 풀어놓고 상상력과
영감이 충만해지도록 한다. 아름다운 예술 작품을 감상하고, 음악을 듣고, 자연의
곁으로 찾아간다. 그렇게 마음을 토닥여 감각을 깨운다.

나는 혼자 집에 있을 때면 소파에 누워 나의 '새들'을 바라보곤 한다. 이 그림은
여러 해 전에 일본인 화가 히데노리 미츠수에게 구입했다. 정말 놀랍게도 이
그림은 네덜란드의 거장 카럴 파브리티위스의 '황금방울새'에 영감을 받아
그린 것이라고 한다. 가만히 그림을 바라보고 있노라면 높은 창을 통해 쏟아져
들어오는 빛이 계속해서 그림의 색깔과 음영을 바꾼다. 때론 나의 새가 캔버스를
벗어나 창밖으로 날아가는 상상에 빠져들기도 한다.

종일 딱딱하고 삭막한 사무실 건물에 갇혀 있다면, 그래서 차선책이 필요하다면
나만의 상상 속으로 들어가면 어떨까? 그 속에서 아름다움을 찾거나 마음의
눈으로 나만의 행복한 공간을 떠올리는 것이다.

$$\boxed{\text{EXERCISE}}$$

흘러가는 구름 바라보기

네덜란드 사람들은 구름이 둥둥 떠 있는 아름다운 하늘에 자부심을 갖고 있다.
브뤼헐, 렘브란트에서부터 페르메이르, 고흐에 이르기까지
수많은 네덜란드의 대가들이 캔버스에 그 하늘을 포착했다.
네덜란드인들이 하늘에 집착하는 이유는 네덜란드의 다른 풍경이
다소 밋밋하다는 사실을 애써 무시하고 싶어서만은 아닐 것이다.
구름이 흘러가는 모습을 지켜보는 것이 닉센을 하기에 이상적인 방법이기 때문이다.

담요 한 장과 차를 준비해 공원으로 나가 바닥에 등을 대고 누워보자.
그리고 영화처럼 지나가는 변덕스러운 구름들을 보며
어떤 상상의 이야기가 떠오를지 기다려보자.

명상의 상태 만들기

명상에는 왠지 마음이 끌리지 않지만 명상할 때의 정신적 상태처럼 불안과 스트레스가 줄어드는 경험은 원한다면? 그렇다면 뜨개질이나 퀼트를 고려해봐도 좋다. 지루할 거란 생각에 성급하게 배제하진 마시길. 이렇게 리드미컬하고 반복적인 활동은 거의 무의식적인 움직임을 통해 자연스러운 '흐름'에 이르도록 돕는다. 이런 '흐름'이 기분을 끌어올리고 불안감을 줄여준다고 입증되었다. 한 가지에만 온전히 집중하기는 정신이 마음껏 방랑하도록 돕는 첫 단계다.

심리학자 미하이 칙센트미하이는 '당장 하고 있는 활동에 집중하면서 완전히 몰두하는 상태'에 대해 가장 처음 설명했다. 자신의 활동에 푹 빠지면 나머지 것들에는 전혀 신경이 쓰이지 않는다. 곧이어 긴장이 풀리고, 편안해지면서 명상적인 상태에 도달하게 된다.

그림 그리기나 산책도 비슷한 효과를 기대할 수 있다. 이런 활동을 자주(적어도 일주일에 세 번) 하면 마음이 차분하고 잔잔한 상태에 닿을 수 있다. 아무것도 하지 않을 수 있는 아주 편안한 명상의 상태다.

멀티태스킹은 이제 그만

어떤 활동을 선택하든 한 가지에만 주의를 기울인다. 일기를 쓰는 중이라면 핸드폰은 집어 들지 않는다. 긴장을 풀고 편안하게 음악을 듣고 있다면 집 안 정리는 하지 않는다. 멀티태스킹은 에너지나 정신 소모가 크다. 그뿐만 아니라 사람을 더 초조하게 만든다고 알려져 있다. 한 번에 한 가지 일만 하면 실질적으로 더 생산적인 하루를 보낼 수 있다.

마음을 위한 연습

명상과 마음 챙김 연습은 마음을 통제할 수 있게 해주고 닉센 효과를 극대화한다.
여럿이 함께 모여 명상하거나 집중과 깊은 이완을 돕기 위해 오디오 가이드를
듣는 것도 방법이다. 아주 간단하게 다음에 소개하는 관찰 활동을 시도해봐도
좋다.

창문에 흐르는 빗방울

흐리고 비 오는 날, 유리창 표면에 흘러내리는 빗방울을 바라보며 시간을 보낸다.

가만히 앉아 빗방울이 맺히고, 흘러내리고,
그러다가 다른 빗방울과 만나고, 두 개가 하나가 되어 창턱까지
흘러내리는 것을 지켜본다. 집에서도
볼 수 있고, 차나 버스에서도 볼 수 있다.
빗방울의 여정을 따라 시간을 흘려 보낸다.

2분 규칙

『쏟아지는 일 완벽하게 해내는 법』의 저자 데이비드 앨런이 소개한,
아주 간단하면서도 효과 만점인 비결이다. 할 일이 생겼는데
2분 안에 해결할 수 있는 일이라면 당장 그 일을 끝내버리는 데 집중하라는 것이다.
그 일이 머릿속에 공간을 차지하고 계속 신경 쓰이게 소모하게 두지 말고,
온전히 그 일에 집중해 치워버리는 데서 오는 성취감을 즐긴다.

영감받으며 살기

내 안의 어떤 일부를 잃어버렸다고 느낀 적이 있다면?
어릴 때 참 좋아했지만 지금은 더 이상 하지 않는 일이 있다면?
그림 그리기일 수도 있고, 독서나 글쓰기, 노래 부르기일 수도 있다. 시간이 어떻게
가는지 완전히 잊게 만드는 걸 하나 골라 적어본다.

나는 몽상에 빠질 때, 시를 읽을 때,
글을 쓰며 창의적인 생각이 떠오를 때 행복을 느낀다.

이렇게 적은 메모를 가까이에 둔다. 책상 위나 냉장고 문 같은 곳에.
그리고 늘 영감 받을 수 있는 자극제로 삼는다.

몸과 정신의 관계

매일 쉬는 시간 갖기는 스스로를 돌보는 방법 중 하나다. 그러나 스트레스를 이겨내기 위해선 다른 것들도 확실히 챙겨야 한다. 충분히 잘 자고, 건강하게 먹고, 규칙적인 운동을 하며, 몸을 혹사하지 말아야 한다. 우리 모두 잘 알고 있는 사실이지만 실제로 그렇게 사는 사람은 많지 않다. 모두들 내게 무언가를 원한다고 느낄 때 다른 것보다 나 먼저 챙기기가 쉽지 않다.

우리의 몸과 정신은 연결되어 있다. 간밤에 잠을 잘 못 잤다거나 배가 고프거나 어딘가 아프면 스트레스나 부정적인 느낌에 더 영향을 받을 수밖에 없다. 이번 주에 취소할 수 있는 일이 있나 생각해본다. 어떻게 머릿속의 고민들을 덜어내고 나 자신을 돌볼 수 있을까? 누구에게 도움을 청할 수 있을까? 어떻게 아무것도 하지 않을 시간을 더 만들어낼 수 있을까? 어떻게 수면의 질을 더 높일 수 있을까?

일찍 일어나는 새가 건강하다

2016년 미시간대학교의 연구 결과, 네덜란드 사람들이 세계에서 잠을 가장 오래 자는 것으로 조사되었다. 네덜란드 사람들은 저녁을 조금 이른 시간, 대체로 오후 6시 이전에 먹어 소화할 시간이 충분해진다. 연구원들은 바로 이 점을 네덜란드 사람들의 수면 질이 좋은 이유로 꼽았다. 이 연구에서 밝혀진 또 한 가지는 이른 취침 시간과 수면의 질에 대한 상관관계. 밤늦게까지 깨어 있을수록 수면의 질은 낮아진다는 것.

늦어도 밤 11시 이전에 잠자리에 들고 저녁 8시 이후에는 스크린타임을 최소화하는 습관을 만들어보면 어떨까? 일찍 저녁을 먹고 가벼운 간식을 먹는 것도 괜찮다. 아침에 일찍 깨면 다시 자려고 하지 않는다. 떠나가게 울려대는 알람 소리에 눈을 뜨면 기분이 안 좋아지니까. 대신 덤으로 생긴 여유 시간에 새로운 하루를 위한 마음의 준비를 한다.

국가별 수면 시간

국가	평균 수면 시간
네덜란드	8시간 5분
오스트레일리아	8시간 1분
캐나다	7시간 58분
영국	7시간 53분
미국·스페인	7시간 50분
독일	7시간 41분
일본	7시간 30분
싱가포르	7시간 23분

출처: 올리비아 J. 월츠, 에이미 코치런, 대니얼 B. 포저, 「스마트폰 데이터를 통한 세계인의 '보통' 수면 일정의 수량화」, 「사이언스 어드밴시스」, 2016.5.●

● 가장 긴 수면 시간과 가장 짧은 수면 시간의 차이가 아주 크진 않지만, 30분이라는 시간 차가 인지 기능과 장기적인 건강에 미치는 영향은 매우 크다고 연구원들은 말한다.

위안을 주는 손길

칭얼거리던 아기가 엄마의 품에 안기면 잠잠해지듯 우리의 몸도
따스한 보살핌의 몸짓에 반응한다. 지금 힘든 시간을 보내고 있다면
다음의 '위안을 주는 손길'로 나 자신을 보살피자.
이런 행위는 뇌의 옥시토신 분비를 유도하고 부교감 신경계를 활성화한다.
그러면 동요하던 마음이 차분해지고 안정감이 깃든다.

①

편안한 자리에 등을 대고 눕는다.

②

두 손을 비벼 따뜻한 기운이 돌게 만들면서 천천히 세 번의 깊은 호흡을 한다.

③

준비가 되면 한 손을 심장 위에 올려 손의 온기와 적당한 압력을 느낀다. 다른 한
손을 그 옆에 나란히 올리고 손이 하나일 때와 두 개일 때의 차이를 느껴본다.

④

숨을 들이쉬고 내쉴 때 자연스럽게 올라갔다 내려오는 걸 느낀다.

⑤

부드러운 손길로 작은 원을 그린다.

⑥

충분한 시간을 갖고 천천히 반복한다.

나만의 의식 만들기

반복되는 일상적 의식은 우리 삶을 좀 더 소중하고, 의미 있는 것으로 만들어준다.
그 의식을 정기적으로 해나가면서 본질적인 편안함이나 긴장이 완화됨을 느낀다면
비교적 평범한 일들을 나만의 소중하고 특별한 이벤트로 만들 수 있다. 이 닦기(121쪽
참조), 머리 감기, 모닝커피 마시기, 그리고 일요일 아침의 늦잠. 모든 일상의 경험이
의식이 될 수 있다. 아주 간단한 것, 돈이 별로 안 드는 것부터 떠올려보자. 쉽게,
꾸준히 해볼 만한 것으로. 그런 일들을 하며 보내는 시간을 나만의 일상으로
만들어보자.

1일 1닉센

다음 소개하는 닉센 활동을 매일 적어도 한 가지씩 해보도록 한다. 이런 시간을 보내기에 너무 바쁘다고 생각한다면 2장을 다시 읽어볼 것.

- 누워서 눈을 감고 나만의 행복한 공간으로 떠나본다(69쪽 참조).

- 창가에 자리를 잡고 앉아 흘러가는 구름을 구경하거나 떨어지는 빗방울을 지켜본다(128~131쪽 참조).

- 활기 넘치는 거리의 테라스에 앉아 지나가는 사람들을 구경한다(108쪽 참조).

- 호흡을 통해 마음을 고요히 가라앉힌다(55쪽 참조).

- 제일 좋아하는 음악이나 그림 속의 아름다움을 발견한다(127쪽 참조).

- 나만의 닉센 공간에서 시간을 보낸다(83쪽 참조).

- 몽상에 빠진다(109쪽 참조).

- 밖으로 나가 신선한 공기를 즐긴다(111쪽 참조).

- 공원에서 점심을 먹는다(88쪽 참조).

단순한 활동의 소중함

당신의 가장 큰 고민은 무얼까? '머릿속에 할 일이 꽉꽉 차서 아무것도 하지 않는 게 너무 어려워.' '완전히 긴장을 풀고 닉센에 빠져드는 게 잘 안 돼.' 그렇다면 큰 노력 없이 일상의 고민들을 잊게 해주는 활동을 하나 찾아보자. 이런 단순한 활동은 다람쥐 쳇바퀴 같은 일상에서 잠시 빠져나오는 데 도움이 된다. 이어서 긴장을 풀고 다음 단계를 준비하게 해준다. 그다음 단계란 바로, 아무것도 하지 않기.

- 쉬운 요가 시퀀스를 하나 선택해서 최소한 10분 동안 반복한다.

- 레시피 없이 외워서 할 수 있는 간단한 요리를 한다.

- 넓은 들판이나 길에서 짧은 거리를 뛰거나 전력 질주한다.

- 일기에 글을 쓰거나 그림을 그린다.

- 뜨개질에 도전해본다.

- 지도 없이 발길 닿는 대로 걷는다.

이 중에 스마트폰이나 컴퓨터가 필요한 것은 하나도 없다. 스마트폰은 집에 두고 나오거나 비행기 모드로 바꾸어 방해받지 않도록 한다.

CONCLUSION

특별히 하는 일 없이 빈둥대는 것이 죄책감을 느끼거나 불안할 일이 아님을 깨닫는 데 38년이나 걸렸다. 아무것도 하지 않을 자유를 발견하고, 더 유익한 일에 시간을 써야 한다는 생각에 시달리지 않으며 나의 정신을 방랑하게 해도 괜찮다는 것을 아는 데 말이다.

오해는 마시길. 나도 여전히 성실한 일꾼과 세심한 엄마, 그리고 좋은 친구라는 의무들 사이에서 곡예하듯 살기도 한다. 나의 휴식 시간이 방해를 받을 때도 있다. 저녁 시간이나 주말이 일에 희생되기도 하고, SNS에 집중해 살아간다. 깜짝 놀랄 때도 있다.

나도 다른 사람들처럼 일, 가족, 휴식에 시간을 고르게 분배하기 위해 노력한다. 스트레스와 좌절감을 최대한 줄일 수 있길 기대하면서. 그런데 닉센을 긍정적인 습관으로 받아들이자 삶의 균형을 찾고 유지하는 데 큰 도움이 되었다. 내 삶의 우선순위가 바뀌었고 시간에 대한 개념도 달라졌다. 이제 나의 하루 계획을 짤 때 더 까다로워졌다. 그러자 놀랍게도 할 일을 미루는 일이 오히려 줄어들었고, 일하는 시간을 좀 더 효율적이고 효과적으로 쓰게 되었다. 내가 원하는 대로 쓸 수 있는 휴식 시간은 자연히 늘어났다.

여러분도 아무것도 하지 않아도 되는 나만의 시간을 받아들일 수 있길 바란다. 나만의 자유 시간을 빼앗겼다고 느낄 때가 있다면 되찾으면 된다. 나 자신을 우선순위에 두고, 싫은 것은 거절할 용기를 낸다. 이 책에 소개된 기술들을 통해 나만의 정신적 공간을 확보하고, 아무것도 하지 않는 시간을 즐긴다. 닉센의 달인이 되는 것이 대단한 일은 아니다. 그저 잠시 멈춤의 힘을 경험하는 것이다.

도움이 될 만한
자료들

흥미로운 읽을거리

『네덜란드 소확행 육아』리나 메이
아코스타, 미셸 허치슨, 예담friend, 2018

『인생이 빛나는 생각의 마법』세라 나이트,
마리서사, 2017

『주말에는 더 행복하기로 했다』카트리나
온스태드, 알에이치코리아, 2018

『멈추면, 비로소 보이는 것들』혜민,
수오서재, 2017

도움이 되는 애플리케이션

Calm: 마음 챙김 앱. 명상, 자연의 소리,
굿나이트 스토리를 통해 바쁜 일상에
긴장을 풀고 숙면을 돕는다.

Forest: 생산성 향상 앱. 약 25분 단위로
집중할 수 있도록 돕는다. 일에 집중할 때나
닉센을 하는 동안 가상의 나무를 심는다.
중간에 앱을 벗어나면 당신의 나무가
죽는다.

Stayfocused: 웹 서핑이 일을 자꾸만
방해한다면 이 URL 차단기(구글 크롬)를
써본다.

Strict Workflow: 포모도로 테크닉에
기반을 둔 이 소프트웨어(구글 크롬)는 일에
집중할 수 있도록 돕는다. 쉬는 시간이 되면
화면이 정지된다.

감사의 글

이 책은 여러 사람의 노력의 결실이다. 닉센이 세상에 나오도록 도와준 화이트 라이온 출판사의 모든 분께 감사드린다. 특히 담당 편집자 자라 앤바리가 보여준 신뢰와 인내심에 감사드린다. 책의 편집은 물론, 글 쓰는 과정이 강처럼 순탄하게 흘러가도록 도와준 편집자 로라 벌베크에게도 감사한 마음이다. 군더더기 없이 깔끔한 디자인을 해주신 이사벨 일스 님께도 감사드린다. 끝으로 브리트니 클레인과 알리사 레비에게도 깊은 감사를 드린다. 두 분의 아름다운 일러스트레이션은 책을 훨씬 더 빛나게 해주었다.

143

닉센, 게으름이 희망이 되는 시간

초판 1쇄 발행 2021년 11월 10일

지은이 아네트 라브이지센
옮긴이 김현수

발행인 정경진 | **편집** 김진희
디자인 [★]규 | **교열** 김화선 | **마케팅** 김찬완

펴낸 곳 (주)알피스페이스 | **출판등록** 제2012-000067호(2012년 2월 22일)
주소 서울 강남구 영동대로 315, 비1층(대치동) | **문의** 02-2002-9880
블로그 the_denstory.blog.me
ISBN 979-11-91221-16-9 03190
값 13,500원

Denstory는 (주)알피스페이스의 출판 브랜드입니다.
파본이나 잘못된 책은 구입하신 곳에서 바꿔드립니다.